gli elefanti
saggi

Dello stesso autore in edizione Garzanti:
Innamoramento e amore
L'erotismo
Gli invidiosi

Francesco Alberoni

L'amicizia

Garzanti

In questa collana:
Prima edizione: ottobre 1998
Seconda edizione: giugno 1999
Terza edizione: settembre 2002
Prima ristampa: maggio 2003
Seconda ristampa: febbraio 2005
Terza ristampa: ottobre 2006

ISBN 88-11-67729-7

www.garzantilibri.it

L'AMICIZIA

CAPITOLO PRIMO

1 Esiste ancora l'amicizia[1] nel mondo contemporaneo? Ad una prima osservazione sembrerebbe di no. Il mondo degli affari è dominato dal mercato e dall'utile economico. La politica dalla competizione per il potere. In entrambi i casi c'è ben poco spazio per rapporti personali sinceri. Il mondo moderno, inoltre, ci impone un continuo mutamento. Quando cambiamo residenza e lavoro finiamo anche per lasciare i vecchi amici. Promettiamo di rivederci ma, poi, sorgono in noi nuovi interessi, nuovi bisogni, abbiamo nuovi incontri. Nessuno può restare immobile e guardarsi indietro. In Italia, la parola amicizia ha assunto addirittura un significato negativo, di privilegio, di raccomandazione. Per trovare un posto di lavoro, per essere ammesso all'ospedale, per avere una casa in affitto, occorrono delle raccomandazioni, delle amicizie. Se segui la procedura regolare, burocratica, non ottieni nulla. L'amicizia è il mezzo per passare davanti agli altri, per eludere la norma. La parola amicizia ha finito, così, per indicare i criteri particolaristici, i privilegi, grandi e piccoli, in un sistema che, se fosse giusto, dovrebbe essere invece retto da criteri universalistici e di merito. Il mondo moderno[2] è caratterizzato dal passaggio dai ruoli particolaristici, ascritti, ed emotivi a ruoli uni-

1 Devo ringraziare Rosanna Trisorio per l'aiuto che mi ha dato nella stesura del presente volume, in particolare per quanto riguarda la raccolta della bibliografia e il suo esame.
2 Vedi la notissima teoria di Talcott Parsons, *Il sistema sociale*, Comunità, Milano 1965.

versalistici, acquisiti e neutrali. L'amicizia appare, perciò, come un anacronismo e, per di più, fonte di ingiustizia. In una società giusta le posizioni vanno attribuite non in base all'amicizia, ma al merito valutato in modo imparziale. I servizi sociali devono erogare le loro prestazioni non ai raccomandati, ma a tutti. Un sistema amministrativo infiltrato dall'amicizia è clientelare, mafioso, ingiusto. Molti, perciò, pensano che l'amicizia sia una sopravvivenza del passato. Qualcosa come la lealtà feudale, oppure la magia o il folklore. Secondo costoro l'amicizia, col passare degli anni, perde di importanza, ed il suo destino è di scomparire per lasciare il posto a rapporti impersonali ed obiettivi. Altri ritengono che l'amicizia riuscirà a sopravvivere, ma confinata accuratamente alla sfera dell'intimo, senza alcuna contaminazione con gli affari, i pubblici uffici e la politica.

La tesi di questo libro è che, nonostante questa prima impressione catastrofica, le cose non stiano affatto così. L'amicizia continua ad essere una componente essenziale della nostra vita. Probabilmente nella stessa misura del mondo antico.[3] Anche la sua struttura essenziale, ciò che la distingue da tutti gli altri tipi di relazione interpersonale, non è cambiata. Cinque secoli prima di Cristo e in una tradizione culturale totalmente diversa, come quella cinese, Confucio elencava cinque tipi fondamentali di relazioni interpersonali. La relazione fra imperatore e suddito, quella fra padre e figlio, la relazione fra uomo e donna e quella fra fratello maggiore e fratello minore. Tutti e quattro questi tipi di relazione sono gerarchici, fra superiore ed inferiore. Esiste però una quinta relazione che non è gerarchica, ma avviene fra uguali: è l'amicizia. Certo, nelle diverse epoche e nelle diverse società, l'amicizia si presenta in forme diverse. In una società guerriera sarà essenzialmente una fratel-

3 Il rinnovato interesse per questo argomento, anche in Italia, è testimoniato dal fatto che il v Congresso internazionale di studi antropologici siciliani — Palermo, 24-26 novembre 1983 — ha scelto come tema: *L'amicizia e le amicizie*.

lanza d'armi. È questa l'immagine dell'amicizia che ci hanno trasmesso i poemi dell'antichità: Patroclo e Achille, Eurialo e Niso, Enea e Pallante. Venendo verso l'epoca moderna troviamo amicizie in cui sono più importanti la cultura e la politica. Dante, Guido Cavalcanti e Lapo Gianni erano tre poeti della Firenze del '200. Michel de Montaigne e Etienne de La Boétie erano due scrittori della Francia del '500. Ancora più recentemente troviamo l'amicizia fra Marx ed Engels e quella fra Max Horkheimer e Theodor Adorno. La prima ha influenzato tutta la politica contemporanea, la seconda il pensiero sociologico.

Non dobbiamo, però, farci troppo fuorviare dalle differenze. Certo, queste ci sono, ma esiste anche qualcosa di comune che ci consente, appunto, di parlare di amicizia in tutti questi casi. Per identificare ciò che è caratteristico del fenomeno che vogliamo studiare, non è tanto sulla diversità che dobbiamo soffermarci, quanto su questi elementi comuni. Ci colpisce allora, per prima cosa, questo fatto. La parola amicizia non ha un solo significato, ma diversi. E non solo da oggi. Lo aveva rilevato già duemila anni fa Aristotele che aveva appunto cercato di distinguere diversi tipi di amicizia per identificare, fra essi, la «vera» amicizia. Per Aristotele la distinzione più importante è quella fra amicizia fondata sull'utile e quella fondata sulla virtù, l'unica che merita il nome di vera amicizia.[4] Anche nella Grecia antica, perciò, il legame che univa due soci di affari non era l'amicizia, ma l'interesse a far prosperare la loro impresa. Anche allora l'amicizia fra i politici era, spesso, soltanto una forma dell'utile politico.

Vediamo, allora, brevemente quali sono i significati più comuni di questa parola. Ci accorgeremo che, nella maggioranza dei casi, la parola amicizia ha ben poco a che fare con quello che noi intendiamo quando pensiamo ad un vero amico.

4 Aristotele, *Etica Nicomachea,* Laterza, Bari 1979, pag. 195 e segg.

Primo significato: i conoscenti. La maggior parte delle persone che consideriamo nostre amiche sono, in realtà, solo dei conoscenti. Persone, cioè, che non ci sono lontane come la totalità amorfa degli altri. Sappiamo che cosa pensano, che problemi hanno, li sentiamo affini, ci rivolgiamo a loro per aiuto e li aiutiamo volentieri. Abbiamo con loro buoni rapporti. Però non abbiamo una profonda confidenza, non raccontiamo loro le nostre ansie più segrete. Vedendoli non ci sentiamo felici, non ci viene spontaneo di sorridere. Se hanno successo, o ricevono un premio, o hanno un colpo di fortuna, non ci sentiamo felici come se fosse successo a noi. In molte amicizie di questo tipo c'è addirittura invidia, maldicenza, antagonismo. I rapporti ostentatamente cordiali, talvolta, coprono una realtà conflittuale, o una profonda ambivalenza. Certo, queste persone non ci sono estranee, ci sono anzi vicine. Ma perché dobbiamo chiamare amicizia relazioni affettive così diverse? Siamo di fronte ad un uso improprio del termine. Lo era nel passato e lo è oggi.

Secondo significato: solidarietà collettiva. Occorre inoltre distinguere, così come avevano già fatto gli antichi, l'amicizia dalla solidarietà.[5] In questo secondo senso, amici sono tutti coloro che stanno dalla nostra parte, per esempio in una guerra. Da un lato gli amici, dall'altro i nemici. Questo tipo di solidarietà non ha nulla di personale. Colui che porta la mia stessa divisa è amico; ma di lui non so nulla. A questa stessa categoria appartengono le forme di solidarietà che si costituiscono nelle sette, nei partiti e nelle chiese. I cristiani si chiamano fra loro fratelli o amici. I socialisti compagni, i fascisti camerati. Siamo sempre, però, in presenza di legami collettivi, non di rapporti rigorosamente personali.

Terzo significato: relazioni di ruolo. È la classe delle re-

5 Su questo argomento esiste una analisi molto bella compiuta da Luigi Lombardi Vallauri, *Amicizia, carità, diritto*, Giuffrè, Milano 1974, pag. 15 e segg.

lazioni di tipo personale, ma basate sul ruolo sociale. Abbiamo qui l'amicizia secondo l'utile, sia quella dei soci in affari, sia quella dei politici. Questo tipo di legami ha ben poco di affettivo, e dura finché dura l'utile da salvaguardare. Vi troviamo, inoltre, molte relazioni professionali, fra colleghi di lavoro e fra vicini di casa.

Quarto significato: simpatia e amichevolezza. Arriviamo, infine, alla categoria costituita dalle persone con cui ci troviamo bene, che ci sono simpatiche, che ammiriamo. Anche in questo caso, però, occorre essere prudenti ad usare l'espressione amicizia. Spesso si tratta di stati emotivi labili, superficiali.

2 Cosa dobbiamo intendere, allora, per amicizia? Intuitivamente questa parola ci fa venir in mente un sentimento sereno, limpido, fatto di fiducia, di confidenza. Anche le ricerche empiriche mostrano che la stragrande maggioranza della gente la pensa press'a poco nello stesso modo.[6] In un libro recente J.M. Reisman, dopo aver esaminato tutta l'immensa letteratura sull'argomento, ha dato la seguente definizione dell'amicizia: «Amico è colui a cui piace e che desidera fare del bene ad un altro e che ritiene che i suoi sentimenti siano ricambiati.»[7] Con questa definizione Reisman colloca l'amicizia nel mondo dei sentimenti altruistici e sinceri. Non è possibile alcuna confusione con l'interesse, il calcolo ed il potere. Semmai il difetto della definizione di Reisman è di essere troppo generica. Anche una madre desidera fare del bene al suo bambino e ritiene che i suoi sentimenti siano ricambiati. Lo stesso avviene nel rapporto fra innamorati, fra coniugi che si amano, o fra fratelli, se i

6 Vedi P. Babin, *Friendship*, Herder e Herder, New York 1967; M. Brenton, *Friendship*, Stein and Day, New York 1974; G.A. Allan, *A Sociology of Friendship and Kinship*, George Allen e Unwin, London 1979.

7 John M. Reisman, *Anatomy of Friendship*, Irvington Publishers, New York 1979.

fratelli si vogliono bene. La definizione di Reisman riguarda, in generale, l'amore. Amare, scriveva San Tommaso d'Aquino, è voler rendere felice l'altro.

Il percorso fatto è molto importante. Nel linguaggio corrente la parola amicizia ha numerosi significati. Sta ad indicare il socio, il conoscente, la persona simpatica, il vicino, il collega, tutti coloro che ci sono prossimi. C'è però oggi, come nel più remoto passato, un altro significato, quello di amico personale a cui vogliamo bene e che ci vuole bene. Quest'ultimo tipo di amicizia appartiene ad una classe più ristretta di relazioni interpersonali: le relazioni di amore. Quando pensiamo ai nostri amici più cari, alla vera amicizia, pensiamo ad una forma di amore fra persone.

È facile distinguere l'amicizia dalle relazioni sociali più superficiali, dai rapporti utilitaristici o da quelli fondati su ruoli professionali. Il vero problema, quello che, finora, non è stato ancora affrontato, è *come distinguerla dalle altre forme di amore fra persone*. Per esempio, in che cosa differisce l'amicizia dall'innamoramento? Ci sono numerosi autori che ritengono questa differenza minima, o poco rilevante. È più facile distinguere l'amicizia dall'amore materno, o da quello paterno, o dall'affetto tra fratelli. Anche in questo caso, però, vi sono dei caratteri in comune. Noi diciamo che quello è un nostro «amico fraterno». Talvolta nell'amicizia si esprime un atteggiamento paterno o filiale. Per esempio Friedrich Nietzsche cercava in Wagner una figura paterna. È amicizia questa? Oppure l'amicizia deve essere reciproca? Vi sono anche molti rapporti di amore ambivalenti, dove ciascuno cerca di dominare l'altro, di tenerlo legato a sé. La vita quotidiana è intrisa di questi sentimenti meschini. L'amore dell'amicizia è di questo genere? Possiamo cercare di manipolare il nostro amico? O, invece, l'amore dell'amicizia è di tipo particolare e deve essere limpido, sempre limpido perché, in caso contrario, l'amicizia, semplicemente, svanisce? Sono queste le domande a cui dobbiamo rispondere per identificare il tipo di amore specifico dell'amicizia. È questo l'argomento del presente libro. Ci aspetta, perciò, una analisi attenta ai particolari, per identificare quello che è esclusivo dell'amicizia, soltanto suo.

3 Mi sembra opportuno incominciare subito questa analisi, per entrare nel vivo del problema. E lo farei confrontando l'amicizia con una forma di amore con cui, spesso, viene confusa:[8] l'innamoramento. Sgombreremo il campo mostrando che sono due fenomeni diversissimi, addirittura opposti. L'innamoramento è un fatto, un accadimento, che ha un inizio definito. Alla sua origine c'è lo stato nascente,[9] una folgorazione, una rivelazione. L'amicizia, invece, non diventa se stessa con una rivelazione unica iniziale, ma con una serie di incontri e di approfondimenti successivi. Un'altra differenza fra innamoramento e amicizia è che non esiste un innamoramento vero ed uno meno vero. Non ci sono gradi di innamoramento: moltissimo, molto, abbastanza, un poco. Se dico «sono innamorato», dico tutto. L'innamoramento segue la legge del tutto o del nulla. L'amicizia, invece, ha tante forme e tanti gradi. Va da un minimo verso un massimo di perfezione. L'amicizia può essere piccola, solo un moto dell'animo, oppure grande, grandissima. L'innamoramento è perfetto fin dall'inizio. L'amicizia, invece, muove verso il di più. Quando parliamo di amicizia abbiamo presente sempre anche un ideale, una utopia.

Continuiamo la nostra analisi. L'innamoramento è una passione. In tedesco passione si dice *Leidenschaft*. *Leiden* è la sofferenza. Nella passione c'è, infatti, sempre anche un soffrire. L'innamoramento è estasi, ma anche tormento. L'a-

8 Per esempio il già citato J.M. Reisman e, ancor più gravemente, A. Douglas, *Friends: a true story of male love*, Coward, McCann & Geoghegan, New York 1973. Lo stesso avviene nel caso del bel libro di Robert Brain, *Friends and Lovers*, Basic Brooks, New York 1976.

9 Francesco Alberoni, *Innamoramento e amore*, Garzanti, Milano 1979.

micizia, invece, ha orrore della sofferenza. Quando può la evita. Gli amici si cercano per stare bene insieme. Se non ci riescono, tendono a lasciarsi, a mettere un po' di distanza fra di loro. Un'altra fondamentale differenza è che io posso innamorarmi di qualcuno e non essere corrisposto. Non per questo cesso di essere innamorato. L'innamoramento nasce senza reciprocità e ne va alla ricerca. L'amicizia, invece, richiede sempre, mi pare, una qualche reciprocità. Io non resto amico di uno che non è mio amico. Nell'innamoramento costa sempre una terribile fatica lasciare chi si ama. Per liberarmi di un innamoramento non corrisposto, io devo esercitare una violenza su me stesso, odiare l'altro. Ma l'odio per l'amato è, a sua volta, una sofferenza, la più atroce delle sofferenze. Nell'amicizia, invece, non c'è spazio per l'odio. Se io odio un mio amico non sono più suo amico, l'amicizia è finita.

Nell'innamoramento la persona amata è trasfigurata. È ad un tempo lei stessa e più che lei stessa. L'amato è duplice: il concretissimo essere davanti a me e la divinità che incorpora in sé tutto il possibile del mondo, tutto ciò che io proietto in lui. L'amore è rivelazione di qualcosa che ci trascende. La preghiera verso l'amato è un grido di disperazione. L'amico, invece, non è trasfigurato.

Dall'amico mi aspetto che condivida l'immagine che ho di un me stesso o, perlomeno, che non se ne allontani troppo. Anche se la sua valutazione è positiva, non deve essere esagerata. Se è troppo favorevole mi dà l'impressione di adulazione. Se è troppo negativa, se si allontana troppo da ciò che io penso di me, allora non mi *rende giustizia* e, quindi, contraddice una esigenza base dell'amicizia. I due amici, cioè, devono avere delle immagini reciproche simili. Non identiche, naturalmente, perché allora non ci sarebbe nulla da scoprire, ma senza eccessive dissonanze. Da un amico, perciò, io mi aspetto che non mi fraintenda. Tutti mi possono fraintendere, ma non un amico. Se un amico mi fraintende, è finita.

Si può dunque restare innamorati di una persona di cui non sappiamo se ci ha amato o ci ha ingannato, di cui non sappiamo se fosse buona o cattiva, se avesse un animo nobile o meschino. L'amore si manifesta proprio in questo domandarsi come era. Anche dopo innumerevoli anni, l'amore continua ad interrogarsi nello stesso modo, sfoglia la margherita. Dal primo istante in cui è apparso, si pone in continuazione una domanda a cui solo la presenza della persona amata che dice di sì, dà una risposta. Finita la presenza, cessa la risposta, e la domanda ritorna continua, ossessiva, angosciosa. Non puoi dire, come vorrebbe la ragione, «che t'importa?». Questa è l'opacità dell'amore che ama qualcosa che rimane sempre inafferrabile, perché il suo oggetto è un divenire insieme, un dover essere. Questa è la miseria dell'amore, che può solo chiedere e non può smettere di chiedere, anche quando l'altro è indifferente, od ostile. Questa è l'ingiustizia dell'amore che non conosce merito e demerito, e non premia i buoni e non punisce i malvagi. L'amore è sublime e miserabile, eroico e stupido, mai giusto. Il registro della giustizia non è l'amore, è l'amicizia.

CAPITOLO SECONDO

1 Come sorge l'amicizia? C'è, su questo argomento, uno stereotipo diffuso anche fra gli studiosi della materia. L'amicizia incomincerebbe sotto forma di conoscenza superficiale. Poi, i due conoscenti, frequentandosi, stabiliscono fra di loro relazioni amichevoli. Si comprendono sempre meglio, si scambiano favori, si aiutano nei momenti di difficoltà e così, a poco a poco, diventano amici.[1] Questa descrizione è totalmente falsa. L'amicizia non sorge per successivi passi infinitesimi da una qualsiasi conoscenza. Noi non diventiamo amici di coloro con cui siamo più frequentemente in contatto, di coloro con cui ci scambiamo più frequentemente i favori.

Possiamo avere ottimi rapporti di vicinato e ottimi rapporti con i nostri colleghi per tutta una vita senza avere, in realtà, fra questi, un amico. Invece possiamo considerare nostro amico o nostra amica una persona che abbiamo visto una o due volte soltanto e che abita lontano. Però solo con lei ci sentiamo a nostro agio, e siamo portati ad esprimere la parte migliore di noi stessi.

L'amicizia incomincia come un atto discontinuo, un salto. C'è un momento in cui noi proviamo un forte moto di simpatia, un interesse, sentiamo una affinità verso una persona. Se la conoscevamo già da tempo, è come se la vedessimo in modo nuovo, per la prima volta. Chiameremo *incon-*

1 T.M. Newcomb, *The Acquaintance Process*, Holt, Rinehart e Winston, New York 1961.

tro questa esperienza. L'incontro è sempre inatteso, rivelatore. Con la stragrande maggioranza delle nostre conoscenze non facciamo mai questo primo passo sulla strada dell'amicizia. Possiamo stare insieme una vita, eppure non si verifica mai quel contatto, quella scintilla, per cui siamo attratti da lui e desideriamo incontrarci di nuovo per continuare qualcosa che avevamo incominciato. L'amicizia si costituisce attraverso una successione di questi *incontri*, ciascuno dei quali riprende quello precedente. Quando, anche dopo molto tempo, incontriamo di nuovo il nostro amico, è come se lo avessimo lasciato un istante prima. Possiamo riprendere il discorso interrotto. Quello che ci stupisce, però, è che la conversazione non ristagna mai su ciò che avevamo detto in precedenza. Ogni *incontro* è diverso, scopre una strada nuova, ci apre nuove prospettive. Se una amicizia è vera questo accadrà innumerevoli volte.

L'amicizia è una filigrana di incontri. Nessuno sa, in anticipo, se ci sarà o non ci sarà un incontro. L'incontro è sempre imprevedibile, inatteso. Come la felicità, che non è mai dove noi la cerchiamo, dove l'aspettiamo come dei cacciatori in agguato. Se cerchiamo con ansia la felicità, se la vogliamo, incontriamo, più frequentemente, la delusione. O la noia. La felicità ci appare all'improvviso, quando non ci pensiamo affatto, come se ci seguisse da dietro e aspettasse, per rivelarsi, che noi si sia distratti. L'incontro è esso stesso un momento di felicità, di grande intensità vitale. È un momento in cui noi comprendiamo qualcosa di noi stessi e del mondo. Nell'incontro sentiamo che l'altra persona ci aiuta ad andare nella giusta direzione. Possiamo sentirlo anche se fra di noi non c'è identità di vedute, anche se siamo diversi come formazione mentale. Anzi, l'altro deve essere un po' diverso. Nell'incontro questa diversità è preziosa proprio perché ci dà una nuova prospettiva. Da soli non avremmo guardato in quella direzione. Una nuova prospettiva costituisce anche una conferma della giustezza di ciò che avevamo pensato. Ciascuno, perciò, aiuta l'altro a scoprire ciò che per lui è essenziale e ad andargli di un passo più vicino.

L'affinità profonda che sentiamo con l'altro durante l'incontro non deriva dal fatto che lui cerca esattamente le nostre stesse cose, che ha le nostre stesse mète ed i nostri stessi desideri. L'incontro non è riconoscere una identità o una somiglianza. È accorgerci che l'altro ci completa e che noi completiamo lui. Non è però nemmeno una complementarietà dovuta al fatto che lui ha certe conoscenze che io non ho, e viceversa. Nell'incontro due persone diverse riescono a vedere nello stesso modo la stessa realtà. L'incontro è fare un pezzo di strada insieme verso la propria identità, verso la scoperta di ciò che, per ciascuno, è la cosa più importante. Nell'incontro noi e l'altro scopriamo di essere fianco a fianco contro una oscurità o un nemico. Ci troviamo nella stessa situazione dei compagni di caccia o dei fratelli d'armi in guerra. L'altro è con noi non per utilità o per calcolo, ma perché tale è la sua natura, perché deve percorrere quella strada. L'incontro è la sinergia di due traiettorie vitali, di due destini.

2 *L'incontro è un accadimento discontinuo, un grumo di tempo.* Dal punto di vista dell'amicizia sono questi momenti di altissima intensità vitale che hanno importanza. Ciò che accade nell'intervallo non conta. In questo periodo noi possiamo anche non pensare affatto all'amico. Questo fatto ci mostra la differenza radicale fra incontro ed innamoramento. Anche l'innamoramento può incominciare con un incontro. Però la sua natura si rivela nell'intervallo, quando noi sentiamo il bisogno spasmodico di incontrare di nuovo la persona che abbiamo incominciato ad amare. Anche quando crediamo di esserci sbarazzati di quell'idea fissa, anche quando diciamo «ecco, non ci penso più», in realtà la persona amata ci è sempre potenzialmente presente. I nostri pensieri, dovunque vadano, ci portano sempre a lei.

D'altra parte noi vogliamo stare con lei, esserle il più possibile accanto. Fino ad essere abbracciati a lei, senza nulla in mezzo, neppure i vestiti. L'amore erotico, prima di essere desiderio sessuale, è desiderio di fusione mentale e fisica.

Nell'incontro che produce l'amicizia non sorge questo bisogno spasmodico. Noi siamo ben consapevoli che l'incontro è stato significativo. Però non desideriamo prolungarlo illimitatamente. Sappiamo che la sua natura è discontinua. Questo non vuol dire che noi non desideriamo incontrare di nuovo l'amico. La simpatia di un incontro si proietta nel futuro, vuole ritrovare il suo oggetto; è sempre impegno, promessa, è sempre un arrivederci. Nessuna relazione importante è a termine. Anche l'amicizia è per sempre. Guai se noi, in quel momento, non dovessimo sentire il bisogno di continuità. È come nel caso della gratitudine. Noi, dopo un po', dimentichiamo la riconoscenza o, meglio, ricordiamo che dovremmo essere riconoscenti. Nulla, però, di paragonabile all'onda di commozione, al desiderio di abbracciare, di baciare chi ci ha beneficato, chi ci ha salvato, chi ci ha aiutato in un momento di difficoltà. In quel momento noi giuriamo a noi stessi una riconoscenza eterna. Molti, constatando quanto poco dura la gratitudine, sono delusi e criticano la labilità dei sentimenti umani. A parte che questo non è poi così vero, il fatto che la riconoscenza invada il futuro è una qualità intrinseca del valore del sentimento. La riconoscenza si pensa come illimitata, anche se poi il suo impeto diminuisce. Ma quel che ha di buono le deriva proprio dal suo progettarsi permanente. Non c'è riconoscenza a termine, non c'è amore a termine, non c'è amicizia a termine. Una cosa ha dignità solo se intende durare, se il suo progetto è di vincere il tempo. L'incontro è, perciò, contrassegnato anch'esso dal desiderio di durare. È sempre, potenzialmente, ritrovarsi.

3 Ci capita, talvolta, di provare simpatia per una persona. Siamo toccati da qualche sua qualità. Intuiamo che potremmo stare molto bene insieme, che ciascuno potrebbe dire all'altro delle cose essenziali. Eppure, quando ci ritroviamo una seconda volta, questa potenzialità non si realizza. Pur essendo estremamente ben disposti l'uno verso l'altro non riusciamo ad aprirci, oppure ci incontriamo solo in superficie. Possiamo fare anche uno sforzo, ma è peggio. Abbiamo allora un'ombra di delusione. Avevamo intravvisto qualcosa, ma ci è sfuggito. In questi casi l'amicizia non ne esce né indebolita né rafforzata. L'incontro è rimandato ad una occasione successiva. L'amicizia è paziente.

Vi sono però dei casi in cui, quando incontriamo per la seconda volta quella persona, sappiamo, con certezza, di non aver nulla da dirci. Capita talvolta con qualcuno incontrato in treno e con cui avevamo parlato in modo febbrile. Oppure in vacanza, quando avevamo provato una attrazione reciproca. C'era, quindi, stato un vero e proprio incontro. Però, cambiate le circostanze, cambiato il tipo di problemi in cui siamo immersi, i nostri sentieri vitali si sono allontanati e non possiamo più trovarci fianco a fianco per esplorare un territorio sconosciuto.

Questa esperienza di vuoto, di delusione, capita anche con dei conoscenti, con persone con cui abbiamo relazioni amichevoli, con quelli che, abitualmente, chiamiamo appunto amici. In genere non ci mettiamo in condizione di passare un giorno intero da soli con loro. O, se lo facciamo, evitiamo di parlare di certe cose, non diciamo ciò che pensiamo, non cerchiamo un dialogo profondo. Facciamo ricorso al nostro repertorio di argomenti neutrali o tecnici, che non pongono problemi a nessuno dei due. Talvolta, però, ci capita di aver bisogno di confidenza, di intimità. Sentiamo il bisogno di liberarci, sia pure per un momento, delle convenzioni e delle regole in cui ci muoviamo abitualmente e di cui siamo prigionieri. Abbiamo bisogno di essere noi stessi in modo più vero, di essere autentici. Noi non sappiamo chi siamo. Siamo una molteplicità di persone, di desideri, di aspirazioni, ciascuno dei quali parla attraverso la stessa bocca, si presenta su quello stesso palcoscenico che chiamiamo io. Quando abbiamo questo desiderio ci apriamo a qualcuno dei nostri conoscenti. A quello che ci sembra più vicino, a quello con cui, una volta, ci eravamo incontrati. Ma non ci capisce, non gli interessano i nostri problemi. Allora la delusione è fortissima e ci sentiamo soli.

4 Perché è tanto importante l'incontro? Perché è un momento di autenticità, perché è l'apparizione di un senso. È l'ordinarsi del molteplice, del disordinato. I piccoli passi sono differenziazioni. Noi ci differenziamo internamente, così come la società si differenzia oggettivamente con lo sviluppo scientifico-tecnico-economico. L'autenticità è il momento della sintesi che ordina, che gerarchizza. L'autenticità è una esperienza globale, di completezza. Anche se avviene in un istante, e dura solo un istante, abbraccia la diversità caotica della nostra vita e le dà ordine, le conferisce significato. Autentico è ciò che non ha bisogno di giustificazioni, ciò che è bene per se stesso così come è. L'autenticità non è, perciò, un sentimento fugace, ingannevole. È il momento in cui noi riconosciamo la nostra identità. L'esperienza della autenticità corrisponde all'ordinarsi del campo, alla caduta della entropia. Allora si riordina anche ciò che è stato insoddisfatto, i desideri rimasti in sospeso.

Ciascuno di noi è un turbine di desideri con un fuoco ardente al suo centro. Nell'incontro noi tocchiamo, in qualche modo, questo nucleo centrale di noi stessi. Diamo una risposta a ciò che conta. Che è poi l'eterna domanda: da dove veniamo, dove siamo, e dove dobbiamo andare? L'amico è colui che, ogni volta, ci fa intravvedere la meta e che fa con noi un pezzo di cammino. Dall'incontro con l'amico mi attendo perciò sempre una rivelazione. L'amico mi apre la porta che volevo aprire. Talvolta è il saggio che mi dice una verità rasserenante, pacificante. La delusione di J-J. Rousseau verso Diderot dipendeva da queste aspettative elevate. Jean-Jacques si aspettava una cura paterna e, nello stesso tempo, una rivelazione straordinaria.

Nulla, però, di più lontano dal rapporto maestro-allievo. L'amico non è un guru che possiede la verità. La rivelazione dell'amico non è un insegnamento. È un arrivare insieme alla stessa conclusione da punti di vista diversi. È una convergenza nella verità.

5 Valutare significa scegliere quella parte di noi in cui noi ci riconosciamo, di cui diciamo: sì, è vero, questo sono proprio io, ciò che voglio essere. Henry Miller, nel libro *Tropico del Capricorno*,[2] parla di un suo amico. « Hamilton, » scrive, « mi aprì gli occhi e mi diede nuovi valori, ed anche se poi persi la visione che mi aveva donato, tuttavia io mai più vidi il mondo, o i miei amici, come li avevo visti prima del suo arrivo. Hamilton mi mutò profondamente come solo può fare un libro raro, o un'esperienza rara o una personalità rara. Per la prima volta in vita mia intesi cosa può essere l'esperienza di una amicizia vitale, senza tuttavia sentirmi asservito o legato per via di quell'esperienza. Mai, dopo che ci lasciammo, sentii il bisogno della sua presenza effettiva; egli si era dato completamente ed io lo possedei senza esserne posseduto. Fu la prima chiara e completa esperienza dell'amicizia, e non fu mai duplicata da nessun altro amico. Piuttosto che un amico Hamilton era l'amicizia in sé. » L'incontro, perciò, è una risposta alla domanda più importante: la domanda sui fini. Parlare con l'amico mi fa conoscere ciò che veramente sono; perché io sono veramente me stesso solo in rapporto a ciò che penso di poter essere.

2 Henry Miller, *Tropico del Capricorno*, Feltrinelli, Milano 1981, pagg. 150-151.

Nell'incontro io conosco me stesso conoscendo l'amico. Ogni conoscenza dell'altro, in genere, è viziata o dalla invidia o dal rifiuto. Quando un altro parla, o ci identifichiamo con lui e desideriamo essere lui, oppure ci riconosciamo come diversi e siamo indifferenti. Nel caso dell'amico, invece, siamo interessati e senza invidia. Lui ci racconta di sé e noi partecipiamo restando noi stessi. Grazie a questa esperienza scopriamo ciò che abbiamo in comune e ciò che abbiamo di diverso. Scopriamo la nostra diversità, la nostra assoluta specificità mentre scopriamo la sua. Gli studiosi dell'amicizia hanno troppo sottolineato l'identità delle esperienze. L'esperienza dell'amico è interessante proprio perché diversa.[3] È confrontandomi con questa esperienza che io mi conosco. Conoscere vuol dire confrontare, comparare, distinguere. Nella fascinazione mimetica non riusciamo a farlo; non possiamo farlo nemmeno quando l'altro ci è estraneo.

Solo con l'amico possiamo capire ed apprezzare la sua e la nostra singolarità. L'esperienza dell'amico, però, può anche insegnarci altri modi di essere che ci si confanno, farci desiderare di cambiare. Non per essere come lui, rifiutando noi stessi. Ma per essere proprio noi stessi. L'amico, con la sua diversità, ci può rivelare uno dei nostri possibili, e in cui ci riconosciamo.

L'esperienza dell'amico è l'unica esperienza che possiamo utilizzare. L'esperienza degli altri, in genere, non ci serve affatto. Non possiamo applicarla al nostro caso, la sentiamo estranea. Perfino i figli fanno fatica ad utilizzare l'esperienza dei genitori. Tutti coloro che hanno sperimentato di persona certe situazioni, vorrebbero trasmettere quanto hanno appreso agli altri, soprattutto a quelli a cui vogliono

3 Tanto la storia, quanto la letteratura, ci offrono innumerevoli esempi di amici intimi che, pure, sono diversi ed hanno valori diversi. Vedi, in particolare, gli esempi di amicizia tratti dalla storia americana contemporanea studiati da David Michaelis, *The best of Friends, Profiles of extraordinary Friendships*, William Morrow and Company, Inc., New York 1983.

bene. Ma, in genere, questo trasferimento è impossibile. Noi tutti ci viviamo come unici ed inconfondibili; abbiamo l'impressione che ciò che ci capita sia esclusivamente nostro, irripetibile, non riconducibile a categorie e a casi noti. Ci sentiamo liberi, capaci di influenzare le circostanze più avverse, di riuscire dove gli altri hanno fallito. L'esperienza degli altri, perciò, non ha valore.

In realtà, noi non riusciamo ad utilizzare neppure la nostra stessa esperienza. Ripetiamo gli stessi errori, ci mettiamo nelle stesse situazioni, rifacciamo gli stessi giochi, come se seguissimo lo stesso copione. Anche riflettendo sul nostro passato non siamo obiettivi, deformiamo il ricordo, lo falsifichiamo, lo abbelliamo o lo peggioriamo. I nostri ricordi sono un tessuto di fantasie, di rivincite, una messa in scena. Ma quando parliamo con un amico non facciamo così. Non ci mettiamo in mostra, non siamo i *public relation men* di noi stessi. Siamo sinceri.[4]

L'amico, d'altronde, non ci inganna, ci parla in spirito di verità. E noi lo ascoltiamo con onestà ed imparzialità, comprensivi e lucidi. In questo modo i fantasmi, il teatro, svaniscono. La sua esperienza ha il pathos del sentimento e la lucidità della ragione. Per questo ci arricchisce e ci fa crescere tanto affettivamente come intellettualmente.

6 L'amicizia è una filigrana di incontri, ed ogni incontro è una prova. Ogni incontro può essere, infatti, anche una delusione. È il segno allora che le traiettorie vitali dei due amici si sono diversificate.

4 Molta letteratura ha messo in evidenza che l'amico rivela all'altro il vero se stesso, senza deformazioni. Vedi K. Naegale, *Friendship and Acquaintances: an exploration of some social distinctions*, Harvard Educational Review, vol. 28, 1958, pagg. 232-253; S. Kurth, «Friendship and Friendly Relations», in G. McCall, *Social Relationship*, Chicago, Aldine, 1970, pagg. 18-66; G. Suttles, «Friendship as a Social Institution», in *Social Relationship*, cit., pagg. 95-135.

Nessuna cosa umana rimane di per sé, ma esiste solo se rinnovata. Gli amici si ri-incontrano e rinnovano la loro amicizia attraverso gli incontri. Ogni incontro è un rischio, perché deve riuscire. L'amicizia è il precipitato di questi incontri riusciti. Gli amici stanno bene insieme, sono sorridenti, felici. Ma perché, ancora una volta, il miracolo è avvenuto, l'incontro si è realizzato. Eppure gli amici non si mettono alla prova come invece avviene nell'amore. Qui la potenza che lega viene messa alla prova senza esitazione (prova di verità) e viene messa alla prova la disponibilità dell'altro (prova di reciprocità). No, nell'amicizia non ci sono prove di questo genere. La sola idea di mettere alla prova turba l'amicizia. Dimostrare amicizia vuol dire mostrare, confermare. L'amicizia è presupposta esistente, stabile, deve solo manifestarsi, illustrarsi. L'amore invece può esserci o non esserci, essere una passione divorante o una menzogna, uno sconvolgimento radicale o una infatuazione passeggera. Può addirittura essere già diventato odio. Per questo va messo alla prova.

Anche l'amicizia, però, incontra delle crisi. Non è qualcosa che può essere considerata acquisita per sempre. Incontra crisi come ogni relazione interpersonale, come avviene anche nell'amore fra genitori-figli, o fra coniugi. La crisi vuol dire che uno si sente insicuro dell'amicizia dell'altro, addirittura tradito, incompreso. Superare la crisi vuol dire che l'altro ci capisce di nuovo profondamente, e noi capiamo lui. Perché, nella crisi, anche noi fraintendiamo, aggrediamo, vogliamo rompere. La crisi nasce sempre da una delusione e tende a diventare scontro mortale. Se l'amico è colui che ci rende giustizia, crisi vuol dire che proprio lui è stato ingiusto. Una cosa simile non me la sarei mai aspettata da un amico — diciamo. Da uno che non era mio amico potevo aspettarmi di essere frainteso. Il fraintendimento implica sempre una mancanza di buona volontà. Noi siamo convinti che, se esiste veramente buona volontà, disposizione mentale aperta, onesta e favorevole, allora possiamo essere capiti. L'incomprensione è un sintomo inconscio di disinteresse, di disprezzo o, addirittura, di aggressività. Ecco che allora, se non siamo capiti da un amico, vuol dire che non è stato amico, che non ci voleva bene.

La crisi può essere risolta solo da un *incontro*. A questo tipo di incontro fra amici si dà il nome di chiarimento. Ma non è un semplice chiarimento concettuale. Chiarimento significa comprendere perché è nata la crisi, quali forze l'hanno messa in moto e disinnescarle, togliere loro valore, senso. Chiarimento significa rivedere insieme criticamente il passato, risalirlo all'indietro fino a prima della incomprensione, della caduta. L'incontro che risolve la crisi supera questa preistoria, riallaccia la sequenza degli incontri e fa fare un altro passo in avanti. Superare una crisi significa sempre anche superare una propria modalità di essere, scoprire una propria malvagità, una propria esagerazione, intemperanza, collera, un modo superficiale, inappropriato di agire. Superare una crisi significa migliorare se stessi, fare un passaggio difficile nel proprio personale sviluppo.

CAPITOLO TERZO

1 Quando incontriamo un amico, anche dopo anni, è come se lo avessimo lasciato un momento prima. Riprendiamo la conversazione come se fosse un dialogo interrotto. Eppure non è un dialogo interrotto, non è la prosecuzione di quella conversazione. L'argomento è diverso. Noi siamo cambiati, i nostri problemi sono cambiati. Ciononostante abbiamo l'impressione di continuare ciò che stavamo facendo. Come se non ci fosse affatto stato un intervallo, come se non fosse passato il tempo. È un fenomeno sconcertante. Non c'è nulla di simile nella nostra esperienza quotidiana. Incontrando un nostro familiare, per prima cosa gli domandiamo: «Che cosa hai fatto?» La nostra domanda cerca di riempire un vuoto nel tessuto temporale continuo. Una persona ci è nota se ci è nota la sua storia in ogni singolo momento. Per lo stesso motivo, quando parliamo con un nostro conoscente, gli domandiamo che programmi ha, per esempio, per l'estate: «Dove va in vacanza?» La domanda sul futuro è il complemento di quella sul passato: «Dove siete stati quest'inverno? Come avete passato il Natale?» Se il nostro grado di confidenza è scarso, e non sappiamo di che cosa parlare, parleremo del tempo. Anche in questo caso, dopo aver fatto i nostri commenti su come è il tempo oggi, lo confronteremo con il tempo di ieri, e ci augureremo qualcosa per il domani.

Invece due amici che si incontrano, anche dopo molti anni, non si chiedono niente. Non si subissano di domande per sapere che cosa hanno fatto, per ricostruire, giorno per giorno, il passato. Anzi quel passato sembra non interessarli affatto. Essi incominciano a parlare di ciò che sta loro a cuore nel presente. Ciascuno è totalmente disponibile al nuovo: senza preparazione. Gli amici che, incontrandosi, si dicono: «Adesso mi racconterai tutto» oppure «Dimmi tutto» non sono veri amici. Queste sono frasi di circostanza. Anche chi dice: «Ma da quanto tempo non ti fai vivo, perché non mi hai nemmeno scritto?» non è un amico. L'amico si limita a domandare: «Come stai, stai bene?» perché l'unica cosa che gli interessa è che noi stiamo bene. L'amico, quando ci incontra, si illumina e sorride, perché è felice di vederci. Può anche aggiungere: «Quanto tempo...» ma è solo per esprimere piacere. La spiegazione di questo comportamento misterioso sta, probabilmente, nel fatto che l'amico guarda il nostro passato e il nostro futuro con la nostra stessa ottica. È identificato con noi, e noi non abbiamo bisogno di domandarci che cosa abbiamo fatto o cosa desideriamo fare, lo sappiamo già. A lui basta che lo sappiamo noi. Qualunque cosa ci sia stata, a lui va bene se andava bene a noi. Per questo ci domanda: «Come va, va bene?» Perché questa è l'unica cosa che conti per noi: se stiamo bene o no, se siamo felici o no. Questo interessa noi e questo interessa lui.

Esattamente all'opposto del tempo dell'amicizia è il tempo dell'innamoramento. Mentre *il tempo dell'amicizia è granulare*, un succedersi di momenti presenti che si giustappongono, il tempo dell'innamoramento è denso, continuo, spasmodico. Gli innamorati parlano ore ed ore del loro passato. Ciascuno è affascinato dal passato dell'altro e lo interroga in continuazione. Anche dopo una separazione breve vuol sapere tutto ciò che ha fatto, riempire tutti gli spazi vuoti, tutti gli intervalli, anche i più brevi. Vuol conoscere i suoi pensieri, le sfumature del suo sentimento, i suoi dubbi. L'innamoramento vuol ricostruire tutto, per aderire totalmente al vissuto dell'amato, fino a ricoprirlo, ad assimilarlo. L'innamoramento tende, infatti, alla fusione, a creare, da due persone distinte, una entità nuova, una coppia, in cui entrambe sono mutate. Gli innamorati, attraverso l'amore, cambiano radicalmente la loro vita. Per questo riesaminano criticamente il loro passato. Prima di incontrarsi erano diversi. Dopo l'innamoramento si rendono conto di quanto povera, fredda, arida fosse la loro vita precedente. Per questo ciascuno deve rivivere ciò che ha vissuto, per togliere valore alle cose di un tempo.[1] Lo stato nascente è il giorno del giudizio e tutto ciò che era infelicità viene distrutto e condannato. Ma è anche il giorno dell'avvento: davanti si apre un'epoca di incredibile, inimmaginabile felicità. Gli innamorati sono protesi verso questo futuro. Ogni istante desiderano la persona amata. Quando è lontana l'aspettano ansiosamente, spasmodicamente. Arrivano sempre in anticipo per aspettare. L'innamoramento è rimembranza e attesa. Il tempo dell'innamoramento è uno spasimo che stringe assieme il più remoto passato e il più lontano futuro. Il presente è la tensione di questo spasimo. Ogni istante dell'amore soffre questo eccesso di temporalità e vuol essere eterno. L'eternità dell'amore sboccia dalla massima tensione del tempo.

Gli amici, invece, non si incontrano per costruire una nuova entità collettiva che li trascende. Non si devono modificare reciprocamente. Ciascuno segue la sua traiettoria vitale, il suo personale destino. Cerca la sua fortuna, cerca il suo amore. L'amico gli è accanto in questa ricerca, sta dalla sua parte, lo aiuta, ma non è l'oggetto della ricerca. Quando incontriamo un amico che è innamorato, noi lo comprendiamo, ci caliamo dentro la sua tensione del tempo, ma poi ne usciamo. Staccandoci dal suo punto di vista lo aiutiamo a staccarsene. Gli diamo, così, la possibilità di vedersi dall'esterno e di utilizzare il frammento di conoscenza che gli serve.

1 Questo importante processo si chiama storicizzazione. È presente non solo nell'innamoramento, ma anche in tutti i grandi movimenti collettivi. Vedi Francesco Alberoni, *Movimento e istituzione*, Il Mulino, Bologna 1981.

Anche nell'amicizia, perciò, si parla del passato. Quando uno dei due amici deve tornare nel proprio passato. L'amico, allora, lo accompagna nel viaggio. A volte abbiamo bisogno, assoluto bisogno di raccontare ad un amico quanto ci è accaduto. Non è per «sfogarci». L'espressione «sfogarci» è fuorviante. Noi parliamo perché abbiamo bisogno di essere capiti, perché abbiamo bisogno che una persona umana ci capisca fino in fondo. Perché abbiamo bisogno di essere capiti? Cosa vuol dire essere capiti? Essenzialmente capire noi stessi, essere oggettivi verso noi stessi, per giudicarci. Ogni viaggio nel passato viene compiuto *per giudicare*: per condannare o per assolvere. Per poter correggere l'azione che abbiamo fatto o per poter continuare nella strada che abbiamo intrapreso. Ma anche se nel passato c'è solo il «così fu»,[2] l'ineluttabile, dobbiamo pur sempre decidere ciò che sarebbe stato possibile e giusto fare.

Noi abbiamo in noi stessi la capacità suprema di giudicare. Spesso, però, siamo accecati o stanchi, troppo stanchi. L'amico stringe la nostra mano, ci sorregge. Guardandolo negli occhi noi sappiamo essere giusti. Non è lui che giudica, siamo noi. Solo noi abbiamo il potere di giudicare, nessun altro. Ma senza di lui non riusciremmo a farlo. Per scendere all'inferno Dante ha bisogno di un accompagnatore. Ha paura, è sconvolto dalle emozioni. Virgilio è il simbolo dell'amico. È razionale, distaccato. Frena l'eroe quando eccede, lo stimola, lo rassicura quando è incerto.

Raccontare è un pensare ad alta voce. L'amico è sempre maieuta, provoca in noi la ricerca onesta, obiettiva. È da soli che giudichiamo, è da soli che troviamo la strada. Anche quando ci racconta la sua esperienza, l'amico non vuol dirigerci, vuol solo fornirci le informazioni che possono essere utili per risolvere il nostro problema.

2 L'espressione è di Nietzsche in *Così parlò Zarathustra*, in *Opere di Friedrich Nietzsche*, vol. VI, Adelphi, Milano 1976, pag. 304.

Nel rapporto con l'amico, perciò, noi parliamo del passato. Ma sempre del nostro passato di individui, del nostro futuro di individui. Ciò che non interessa, ciò che viene tenuto fuori, è il passato o il futuro dell'amicizia stessa. L'amicizia è un dato, non un problema, è una strada, non una destinazione. Guai se ci annoiassimo a vicenda parlando del nostro passato di amici. Ancora peggio se ci preoccupassimo del futuro della nostra amicizia. L'amicizia è fondata sul disinteresse e la prima, essenziale manifestazione del disinteresse degli amici è quello verso se stessi. Gli innamorati sono preoccupati, angosciati del loro futuro. Gli amici indifferenti. Quando incontriamo un amico, il nostro comune passato non ci appesantisce e il nostro comune futuro non ci preoccupa. Il presente del nostro attuale incontro, perciò, si giustappone al presente del precedente incontro, gli aderisce totalmente. Non c'è bisogno di sapere niente. Non c'è bisogno di colmare nessun intervallo. Perciò non c'è più l'intervallo. *Ma se non c'è più l'intervallo, non c'è più il tempo.*

Soltanto in un caso, anche nell'amicizia, ritornano il passato e il futuro. Quando c'è stata una crisi dei rapporti. Allora entrambi gli amici sono colti dal dubbio, e devono riesaminare criticamente il loro passato per giudicare se stessi e l'altro. Devono vedere con esattezza che cosa ha fatto l'amico, quali intenzioni aveva e, quindi, giudicare se meritava o no l'amicizia. Devono soprattutto giudicare se stessi per stabilire se meritavano l'amicizia dell'amico.

La crisi fa assomigliare l'amicizia all'innamoramento. Appare la stessa inquietudine, lo stesso alternarsi di diffidenza e speranza. Però, mentre nell'innamoramento questa alternanza è uno stato che può durare anche anni, nell'amicizia è un momento, non può essere prolungata mai a lungo. La molecola dell'amicizia, ricordiamolo, è l'incontro. L'incontro è un presente che si giustappone ad un altro presente. L'intervallo non è problema. Se l'intervallo diventa problema, se ritorna il tempo e la sua tensione, l'amicizia cessa di esistere, si dissolve. L'essenza dell'amicizia risiede nella struttura granulare del tempo, non sopravvive alla sua alterazione.

L'amicizia richiede, perciò, un rapido giudizio. Richiede che la sentenza venga pronunciata: colpevole o innocente? In genere l'amicizia assolve, perdona. Se c'è il perdono, il perdono è definitivo. Ma, se non c'è il perdono, se c'è la condanna o il semplice dubbio, l'amicizia è incrinata per sempre. Anche il semplice dubbio. Perché il dubbio avvelena l'amicizia, la contamina. Nell'amicizia avviene come per la purezza.[3] Basta un inquinamento infinitesimo e la sostanza non è più pura. La crisi dell'amicizia non dipende dalla volontà. Quando l'amicizia si è incrinata noi possiamo cercare di salvarla, conservare un atteggiamento amichevole, far finta che non sia successo nulla, ma è inutile. L'amicizia ha una sostanza morale. Una volta persa la fiducia, è persa per sempre. La crisi dell'amicizia, dunque, è un processo. Il passato viene rievocato per essere giudicato. Il futuro viene evocato perché deve essere determinato. *E la decisione è sempre inappellabile.*

Nell'innamoramento tutte le decisioni che gli innamorati prendono, di lasciarsi, di non amarsi più, così come quella di amarsi per sempre, sono revocabili. Perché l'amore dell'innamoramento non è toccato dal giudizio. Può essere solo represso, negato, non annullato. La passione è ineluttabile. Nell'amicizia, invece, è inappellabile il giudizio. Tutto ciò che è essenziale è ineluttabile. L'amicizia e l'innamoramento hanno la loro essenza in due luoghi diversi. L'innamoramento nella passione, nel subire. L'amicizia nel valutare, nel giudicare.

3 Vladimir Jankélévitc, *Le pur et l'impur*, Flammarion, Paris 1960.

CAPITOLO QUARTO

1 L'amicizia è una forma di amore. Ma in che cosa si differenzia da tutte le altre forme di amore di cui abbiamo parlato? Ha qualcosa di particolare che la caratterizza in modo inconfondibile? L'amicizia si differenzia dalle altre forme di amore perché sceglie i suoi oggetti con criteri morali e si comporta moralmente verso di essi. *L'amicizia è la forma etica dell'eros*.

Questa definizione si scontra con quanto abitualmente sentiamo dire dell'amicizia. L'amicizia privilegio, l'amicizia favoritismo, l'amicizia per avere delle cose utili, non sono il contrario stesso della morale? Certamente. Questo tipo di amicizia non ha nulla a che fare con la morale. Ma possiamo considerarla vera amicizia? Pensiamo al libro di Dale Carnegie, *L'arte di conquistare gli amici*.[1] In realtà i veri amici non si possono conquistare. È un amico quel tale che, applicando le regole di Carnegie, non mi dice la verità, mi sorride sempre, mi dà sempre ragione, sollecita in ogni modo la mia vanità? Posso considerare amico una persona che, per i suoi fini, si comporta nei miei riguardi da ipocrita, da falso, da adulatore? Neanche per sogno. Quello che lui fa è tutto il contrario della vera amicizia.[2] L'amicizia

1 Dale Carnegie, *L'arte di conquistare gli amici e il dominio sugli altri*, Bompiani, Milano 1939.

2 È incredibile quanta gente si sia lasciata ingannare, corrompere dalla proposta ipocrita di Carnegie. Ma è stato così anche nel passato. Socrate e Platone hanno dovuto attaccare i sofisti che sostenevano che è vero ciò che riusciamo a far credere agli altri. Cicerone, sull'adulazione, scrive: «Nei rapporti d'amicizia

vuole, per prima cosa, la libertà dell'altro e, se fa anche il minimo sforzo per costringerla, cessa istantaneamente di essere vera amicizia.

Anche la madre desidera che il figlio sia libero però, per timore di perderlo, è disposta a manipolare la sua volontà. La madre ha un compito educativo nei riguardi del figlio. Finché è piccolo gli deve indicare i valori e deve correggerne i difetti. Anche in seguito conserverà la tendenza ad essergli di guida. Ma l'amico incontra l'amico sul piede di parità. Non gli deve insegnare a vivere, non lo deve educare. Certo gli comunica le cose in cui crede, gli dice ciò che, a suo giudizio, è giusto. Ma non è un maestro. Non impone nulla e non cerca di imporre.

Anche l'innamoramento ha bisogno della libertà dell'altro. Però si sforza di asservirlo, perché vorrebbe avere la certezza di essere riamato. L'innamoramento stesso assomiglia agli effetti di un filtro (di una droga). L'innamorato, dunque, farebbe bere all'amata il filtro, e poi impazzirebbe perché non saprebbe più se è amato per sé o per il filtro. La certezza così raggiunta è la totale incertezza, perché l'essere amati deriva dall'atto più supremamente libero che ci sia, mentre la certezza della droga è ebete. L'innamorato si troverebbe fra le braccia un'ebete, svuotata della capacità di dire di no e, quindi, anche di sì. Un automa che ripete sì, sì, sì, ma non pensa. Eppure cerca il filtro con cui, stabilizzando la risposta dell'amata, uccide l'amore. Questo perché vuole essere innamorato e, contemporaneamente, vuole fuggire. Vuole esserlo perché sperimenta che cos'è la vera felicità, ma vuole fuggire perché teme di perderla.

All'amico non viene neppure in mente di volere un filtro

non c'è maggior flagello che le lusinghe, la piaggeria, l'adulazione: non ci sono nomi che bastino per bollare, come si merita, questo vizio d'uomini leggeri e ingannatori che parlano sempre per compiacere gli altri e non mai per dire la verità». Marco Tullio Cicerone, *Lelio: dell'amicizia*, Zanichelli, Bologna 1982, pag. 207.

dell'amicizia. L'amicizia è uno stato accettato e voluto. Non vogliamo sfuggirgli. Non ci viene mai in mente, neppure per un istante, di render schiavo un amico. Un amico asservito alla nostra volontà è un non senso. Se lo fosse dovremmo in ogni modo liberarlo. Se abbiamo fatto qualcosa per plagiarlo, per circuirlo, allora vuol dire che non siamo stati suoi amici. D'altra parte un nostro amico ammalato, ubriaco, drogato, per noi conserverà sempre una punta di lucidità. Ci riconoscerà, e lotterà per restare lucido in nostra presenza. Anche solo per chiederci di lasciarlo in pace.

Nessuna forma di amore ha tanto rispetto della libertà dell'altro come l'amicizia. Essa arriva a dei punti di estrema delicatezza. Per esempio, se un amico ha fatto qualcosa per noi, qualcosa che ci è stato utile, gli saremo riconoscenti. Però eviteremo di domandargli perché lo ha fatto. L'amico non mi deve dare spiegazioni. È addirittura bene che io non le cerchi. Non devo analizzare il suo comportamento per trovare le sue motivazioni. L'atto dell'amico deve restare, fino in fondo, un atto libero. Se io cerco delle spiegazioni, posso sempre trovare un perché, una giustificazione, un interesse. Di ogni nostra azione, anche la più libera, dopo che è stata fatta, si possono trovare le determinanti. Un atto compiuto può essere sempre spiegato. Allora ci appare come una necessità.[3] L'atto è libero solo prima di essere compiuto. Fino all'ultimo momento noi possiamo farlo o non farlo, e nessuno sa ciò che sceglieremo. Per questo non ci interroghiamo sul perché l'amico ha agito così. Perché noi lo vogliamo sempre pensare libero, nell'atto del fiat creatore, quando tutto era possibile, ed egli ha scelto liberamente così.

Nell'innamoramento noi ci arrovelliamo per decifrare il comportamento dell'altro. Ci domandiamo ansiosamente

3 Vedi su questo argomento le belle pagine di Vladimir Jankélévitc, *Traité des vertues*, Flammarion, Paris 1970, vol. I, pagg. 17-36.

perché ha agito in questo modo. È la conseguenza del fatto che la persona amata ha su di noi un potere terribile. I nostri bisogni, i nostri desideri, la nostra felicità, dipendono da lei e, se siamo infelici, vorremmo poter rimuovere le cause dell'infelicità. L'innamoramento è, alternativamente, resa e lotta contro un potere che continua ad esistere al di là della nostra volontà. L'amicizia, invece, non ammette alcun potere che stia contro la nostra volontà. L'amico è l'oggetto della nostra volontà. Se la volontà libera non vuole più, l'amicizia finisce. Se un amico mi rende infelice, se mi interrogo sul perché ha agito in un certo modo e mi tormento, questo tormento minaccia seriamente la mia amicizia. Non soltanto perché l'amicizia vuole il piacere. Ma perché è fondata sulla libertà. Se un amico mi tratta male, mi fa soffrire, io imputo il suo comportamento alla sua volontà. Lo considero responsabile di ciò che fa. Non c'è nessuna passione che sta «al di sopra di noi». Lo giudico sul piano morale. Noi siamo moralmente esigenti verso gli amici. Molto più esigenti che nei riguardi delle altre persone. «Questa cosa un amico non avrebbe mai dovuto farmela», diciamo. Noi possiamo odiare la persona di cui siamo innamorati. Questo odio coesiste con il nostro amore; si collocano su due piani diversi. Con la stessa rapidità con cui odiamo perdoniamo, anzi, dimentichiamo l'odio e siamo invasi dall'estasi amorosa. L'amicizia è incredibilmente più stabile e più coerente. L'odio la danneggia, la ferisce, ed il danno non è riparabile. L'odio, per l'amicizia, non è un incidente di percorso, è un male, un sentimento malvagio che non si giustifica e non si perdona.

2 Noi non scegliamo come amici le persone di cui non abbiamo stima. Io non continuo a dialogare silenziosamente con qualcuno che considero un furfante. Non cerco il consiglio di una persona sleale. L'amicizia è l'area sociale in cui gli uomini si comportano più correttamente fra di

loro, meglio di come si comportano verso gli estranei. È l'area in cui applicano, con maggior rigore, le norme morali che, in astratto, vorrebbero veder applicate da tutti. Nella *Fondazione della metafisica dei costumi* Emanuele Kant formula questo principio morale: «Agisci in modo tale da trattare l'umanità, sia nella tua persona, sia in quella di ogni altro, sempre come fine e mai semplicemente come mezzo.»[4] È una regola morale universale, che noi dovremmo seguire ogni volta. Però non lo facciamo. Tutte le relazioni utilitaristiche non la rispettano. In questi casi trattiamo gli altri come mezzi per raggiungere i nostri fini. È soltanto con le persone che amiamo che noi seguiamo questa regola. La madre non tratta suo figlio come mezzo, ma come fine. Noi non guardiamo al nostro amato come mezzo, per noi è il massimo bene. Non vogliamo stare con lui per qualche altro motivo, stare con lui è un fine ultimo. Lo stesso vale per un amico. Abbiamo visto quanto importante sia la libertà dell'amico. Riconoscere la libertà di una persona, rispettarla, significa considerare quella persona un fine.

Vi è un'altra formulazione di Kant che ci aiuta a descrivere con maggior precisione l'amicizia. È l'imperativo categorico, l'unica norma a cui devono conformarsi tutte le altre massime dell'azione. Dice: «Agisci soltanto secondo quella massima che, al tempo stesso, puoi volere che diventi una legge universale.»[5] Noi dovremmo sempre comportarci così. In realtà non lo facciamo. Anche in questo caso, però, ci sono delle persone nei cui riguardi agiamo in modo più simile all'imperativo della morale. Sono, come al solito, le persone che amiamo.

Agire in base ad una massima che vorremmo erigere a norma universale è più restrittivo che considerare l'umanità dell'altro come fine. Come possiamo voler erigere a norma

4 Emanuele Kant, *Fondazione della metafisica dei costumi*, Laterza, Bari 1970, pag. 61.
5 *Ibidem*, pag. 48.

morale universale la passione dell'innamoramento? Di proporre, per tutti e per sempre, questo amore sublime ed impetuoso che non ha pace?

Ma è difficile anche erigere a norma universale l'amore materno, che ama il figlio più di sé e che non chiede nulla, ma dà soltanto. Noi siamo esitanti a erigere a norma universale le virtù sublimi ed eroiche, o fare una regola di ciò che è straordinario, di ciò che è antieconomico, di ciò che sovverte in modo sovrano tutte le consuetudini. È forse troppo voler essere tutti come San Francesco, amare profondamente ogni persona e perfino gli animali, perfino il lupo o gli oggetti naturali come l'acqua e il fuoco. Sarebbero impossibili tutte le attività organizzate, tutta l'attività economica. Ciò che noi possiamo erigere a norma universale non è lo straordinario, ma l'ordinario, ciò che può essere ragionevolmente realizzato. Per esempio il disinteresse, la generosità, la gentilezza, la sincerità, la fedeltà, la capacità di comprendere gli altri. Esiste un ampio consenso su quelle che sono le virtù e quelle che sono, invece, le malvagità. Anche nella nostra società, dominata dall'utile economico e politico, noi sentiamo il peso dell'incessante competizione, della dura necessità che ci costringe a chinare il capo davanti ai soprusi, ai privilegi, alle offese, alla brutalità. Noi stessi ci troviamo a odiare, a mentire, ad ingannare. Noi stessi ci facciamo largo a spintoni, o con l'astuzia. Cerchiamo di raggiungere posizioni di potere per dipendere meno, per essere più liberi. Però, così facendo, usiamo gli altri uomini come mezzi ed alimentiamo la catena della lotta. I rapporti sociali, anche in una società pacifica e regolata minuziosamente da regole universalistiche, restano intessuti di intrighi, di maldicenza e di invidia. L'insincerità e la malvagità fanno parte integrante delle regole del gioco del mercato e del successo.

Ma, se non con tutti, almeno con alcuni, noi ci comportiamo o cerchiamo di comportarci secondo l'imperativo categorico. Gli amici sono coloro che agiscono, l'uno nei riguardi dell'altro, secondo quel modello che Kant indicava valido in modo universale.

3 Abbiamo visto che l'amicizia ha un forte contenuto etico, che gli amici si trattano l'un l'altro meglio degli estranei, un po' come dovrebbero trattarsi tutti gli uomini. L'amicizia aspira a un ideale di perfezione morale. Se questo è vero, ne deriva che noi sceglieremo come amici coloro che si comportano in questo modo perlomeno nei nostri riguardi, che si comportano moralmente bene con noi. Noi, a nostra volta, saremo scelti se ci comporteremo in modo analogo, se agiremo in un modo che il nostro amico ritiene esemplare. Ciascuno, nei riguardi dell'amico, deve comportarsi in modo esemplare. È questa che gli antichi[6] chiamavano amicizia secondo virtù (o secondo il valore) e la regola di allora continua a valere perfettamente oggi.

Quanto detto significa che noi scegliamo, come amici, tutti coloro di cui abbiamo stima, coloro che ammiriamo? Nient'affatto. Noi possiamo stimare una persona, ammirarla e, ciononostante, non diventare suoi amici e non desiderare neppure di diventarlo. L'amicizia non può esistere senza questa stima, non può esistere senza un reciproco comportamento morale. Però l'amicizia non è solo stima, non è solo ammirazione. È anche amore. L'amicizia è la specifica forma di amore che ha, come suo oggetto, una persona che apprezziamo e che si comporta in modo eticamente corretto, perlomeno con noi.

L'innamoramento istituisce i criteri di giudizio rivelando il valore di ciò che è, qualunque cosa sia; è la rivelazione del valore di ciò che ci appare come oggetto del desiderio. Nell'amicizia, invece, i valori ci devono essere già. Certo, in

6 La distinzione, introdotta da Aristotele (*op. cit.*), è ripresa da Teofrasto, Cicerone, Plutarco. Vedi L.F. Pizzolato, *L'amicizia nel mondo classico*, CELUC, Milano 1972.

un amico noi apprezziamo qualità, aspetti a cui non avevamo dato importanza e valore. Ma, socialmente, il valore preesiste. L'amico è colui che ce lo rivela, che si comporta in conformità con esso. Dell'amato noi apprezziamo un movimento dei capelli, una smorfia, un capriccio. Dell'amico apprezziamo le buone qualità intellettuali, morali, la simpatia, la vivacità, la sollecitudine che ha per noi. Chi diventa con certezza nostro amico? Colui che, a nostro giudizio, anche gli altri avrebbero dovuto apprezzare. Amicizia è dare il dovuto, riconoscere una qualità, una virtù che era lì, perfettamente visibile, ma che gli altri non apprezzavano perché erano indifferenti o perché odiavano. L'amore per l'amico non ce lo fa stravedere, ce lo fa soltanto vedere; non ce lo fa sopravvalutare, ce lo fa soltanto giudicare equamente. I criteri di giudizio sono universali. Tutti, a parole, sostengono di rispettarli. Però non lo fanno. L'amico è colui che li rispetta nei miei riguardi, non li dimentica. Ed io faccio lo stesso per lui.

Amico è perciò colui che ti *rende giustizia*. Giustizia in un senso profondo, vitale. La vita stessa può essere giusta o ingiusta. L'amico che apprezza una tua qualità che nessuno aveva valorizzato, che ti stima per qualcosa che gli altri disprezzano, ti rende giustizia in questo senso profondo. L'amico è dalla tua parte, combatte con te e, se necessario, ti vendica. Per questo ti rende giustizia.

Per apprezzare una qualità ci vuole una disposizione benevolente. L'amico è benevolente. Vede ciò che siamo e ci aiuta ad essere noi stessi. Gli altri sono indifferenti. Il loro cuore è freddo e, perciò, non vedono neppure che cosa siamo in realtà. Solo l'amico ci vede per ciò che siamo. Può avvenire che sia uno sconosciuto colui che ci rende giustizia, colui che viene verso di noi tendendoci la mano. Costui allora, sia pure per un istante, è nostro amico.

Riconoscere un valore significa anche vedere dall'interno. I valori non sono solo comportamenti, sono anche sensibilità, sfumature dell'animo. Ciò che dà all'amicizia il suo carattere disinteressato e sublime è il fatto che l'amico riconosce e dà valore anche a nostre virtù che non servono a niente.

4 Abbiamo detto che gli amici devono comportarsi moralmente l'uno nei riguardi dell'altro. Ma è soltanto il comportamento reciproco che conta, oppure anche quello che noi abbiamo al di fuori dell'amicizia? In altre parole: posso essere amico di una persona malvagia se so che è malvagia? Nel caso dell'innamoramento sì. Noi ci innamoriamo prescindendo completamente dalle virtù della persona amata. L'amicizia è molto più esigente. Se noi sappiamo che un nostro amico si è comportato in modo disonesto siamo profondamente turbati. Un modo per indebolire la nostra amicizia è proprio la calunnia, dirci qualcosa che può offuscare l'immagine morale dell'amico.

Ma se l'amico, con noi, si è sempre comportato bene? Può avvenire che un amico, con noi, sia profondamente onesto e non ci chieda mai nulla di disonesto. Nell'amicizia mostra il suo volto migliore, come fa un figlio con la madre, perché, da noi, vuol essere apprezzato. Uno dei modi di amare è cercare di corrispondere all'immagine ideale che l'amato si è fatto di noi. Nel caso dell'amico è soprattutto l'immagine morale che conta. Con l'amico vogliamo apparire limpidi, onesti. C'è, perciò, anche chi nasconde le sue debolezze, le sue malvagità, per apparire nel migliore dei modi. Con l'amico sviluppa tutte le sue virtù.

Un padre può essere mafioso nella società e poi impartire una educazione esemplare al figlio perché vuole che il figlio sia migliore di lui. Un ladro e un assassino possono essere dolcissimi con l'amata perché l'amano e vogliono essere amati da lei. Così un uomo può essere virtuoso e delicato con un amico, nascondergli i suoi difetti. L'altro potrà allora dire onestamente: «Con me si è sempre comportato bene.» È vera amicizia questa? Sì, è vera amicizia. Lo è anche dal punto di vista di coloro che ritengono che l'amicizia vera possa esistere solo fra i buoni, come Aristotele o Cicerone. Scrive, infatti, Cicerone: «Si sancisca dunque dell'amicizia questa legge: non richiedere mai agli amici cose disoneste né mai farle se richiesti... chiedere agli amici solo cose oneste.»[7] L'amico che ci ha nascosto i suoi difetti, ma che non ci ha mai chiesto nulla di malvagio, si attiene a questa regola. Questo tipo di amicizia è, dunque, vera, anche se ha in sé qualcosa di fragile. Uno dei due deve nascondere, non può essere sincero, non può confidarsi, non può dire nulla di importante della sua vita. L'amicizia è un conoscersi sempre più in profondità. In questo caso c'è un ostacolo insuperabile. L'amore è compatibile con la reticenza e il riserbo. Vi sono degli uomini o delle donne che non accetterebbero mai un «tradimento» sessuale del loro coniuge o del loro compagno anche se lo amano e ne sono amati profondamente. In questi casi, piuttosto che compromettere ciò che è essenziale, l'altro tace. Ma perché giudica la cosa priva di importanza, perché la considera un fatto marginale che non intacca l'essenza del rapporto. Un mafioso, il membro di un gruppo terroristico, un politico corrotto, invece, non devono tacere un particolare della loro vita. Devono tacerne l'essenziale. Un'amicizia così fortemente in conflitto con l'etica è, perciò, fragile, disperata.

Anche questo esempio conferma la tesi che l'amicizia è la forma etica dell'eros. Amico è colui che intuisce ed evoca la parte migliore di noi, la parte più buona, più umana, spontanea, sincera, non invidiosa, gentile. Il fatto che l'amicizia abbia una così forte componente etica, rende vera l'affermazione «dimmi con chi vai e ti dirò chi sei». Gli amici sono il ritratto oggettivo della moralità della persona. Essi ci indicano il suo rigore, la sua intransigenza, ma anche il suo amore per l'intelligenza, la sua creatività e perfino la sua tolleranza.

7 Marco Tullio Cicerone, *op. cit.*, pagg. 165-167.

Gli esseri umani non sono tutti uguali, ci sono i sobri e gli alcolizzati, i sinceri ed i mentitori. L'intrigante, alla fine, si circonda di intriganti, chi ama il potere e il servilismo sarà circondato da persone servili. Chi ricatta sarà ricattato. Le mafie, le consorterie sono basate sulla paura reciproca.

Concludiamo questo capitolo con una citazione di Voltaire: «L'amicizia è un tacito contratto fra due persone sensibili e virtuose. Dico " sensibili " perché un monaco, un solitario, può essere una persona dabbene e vivere senza conoscere l'amicizia. Dico " virtuose " perché i malvagi hanno soltanto dei complici, i gaudenti dei compagni di baldoria, i cupidi dei soci, i politici raccolgono attorno a sé dei partigiani, i soliti sfaccendati hanno delle relazioni, i principi dei cortigiani; ma solo gli uomini virtuosi hanno amici. Cetego era complice di Catilina, e Mecenate cortigiano di Ottavio; ma Cicerone era amico di Attico.»[8]

8 Voltaire, *Dizionario filosofico*, Mondadori, Milano 1970, pagg. 54-55.

CAPITOLO QUINTO

1 Abbiamo detto che l'amicizia è la forma etica dell'amore. Ma l'amicizia è anche preferenza. Essere amico è sempre anche essere più amato di, essere preferito a qualcuno, a qualcun altro, alla immensa massa anonima degli altri. È il sentimento dei due fratelli ciascuno dei quali vuol essere scelto, vuole una attenzione in più per sé. L'amore della madre uguaglia, livella, è veramente identico. La richiesta del singolo individuo si scontra con questa uguaglianza assoluta. L'amicizia è la richiesta di una attenzione personale. Ciascuno, osserva Fenelon, vuol essere amato per se stesso, al di sopra di tutto, soltanto per pura inclinazione: che il mondo intero gli venga sacrificato. Non abbiamo allora qui la radice di ogni privilegio e di ogni ingiustizia? Scrive perciò Kierkegaard: «Proprio per questo il cristianesimo diffida dell'amore profano e dell'amicizia, perché la predilezione, la passione... sono, in fondo, un atto di egoismo.»[1] Per Kierkegaard l'amore cristiano può esistere, perciò, solo come dovere. Il cristianesimo ci dice che è un dovere amare il prossimo. L'amore, allora, non è una inclinazione spontanea, un moto della passione, un sentimento. È un imperativo etico, una scelta della volontà. Ma possiamo noi imporci come dovere di amare qualcuno, di provare simpatia per lui? Kant si era già posta questa domanda e aveva risposto negativamente. No, noi non pos-

1 Sören Kierkegaard, *Gli atti dell'amore*, Rusconi, Milano 1983, pag. 206.

siamo imporci di amare qualcuno, di provare simpatia. Amore e simpatia sono sentimenti spontanei, non possono essere suscitati a volontà. Io posso cercare di amare il mio nemico ma, al massimo, potrò fare delle azioni a suo favore. Potrò scacciare tutti i pensieri malvagi che mi vengono in testa; porgergli l'altra guancia, dargli tutto il mio denaro. Ma non potrò suscitare in me tenerezza e simpatia, sincera amicizia. San Francesco — dicono — ci riusciva. Ma è appunto considerato un santo, e un santo dotato di una capacità di amore straordinaria. Kant, perciò, di fronte al problema di che cosa sia l'atto morale, è giunto alla conclusione che, siccome noi non ci possiamo imporre i sentimenti, la morale non può chiederci degli affetti, ma soltanto delle azioni. L'etica, secondo Kant, non ha nulla a che fare con l'amicizia, la simpatia, l'amore. L'azione morale è fatta per puro dovere, contro la propria inclinazione, contro i propri sentimenti. Agendo sempre in questo modo, costringendoci a fare delle azioni spiacevoli, non perdiamo, però, il piacere spontaneo di fare il bene? Per agire così, dobbiamo deformare la nostra sensibilità, mortificare la nostra spontaneità. Il risultato è che ci comporteremo bene, ma mai benissimo, saremo equanimi con tutti, ma daremo poco a ciascuno, il minimo indispensabile.

L'etica di Kant è stata molto importante per l'edificazione della società contemporanea, giusta ed efficiente. Il buon funzionamento sociale non ha bisogno di altruismo, ma della corretta esecuzione dei propri doveri professionali e sociali. Se non avessimo edificato un'etica impersonale che richiede l'assoluta imparzialità, non avremmo mai costruito istituzioni eque, che danno a tutti la stessa giustizia, le stesse prestazioni. Per superare il particolarismo dell'amicizia, della famiglia, della parentela, della preferenza, occorre un'etica che condanna tutto ciò che è basato sul sentimento e afferma il nostro dovere identico verso tutti gli uomini. Solo mettendo da parte le preferenze il funzionario che sta dietro uno sportello, il medico in ospedale, il giudice nel tribunale, agiscono moralmente. Nei Paesi cattolici l'etica dei sentimenti ha perpetuato il privilegio, è servita da strumento per impedire l'edificazione di quelle istituzioni imparziali, efficienti e giuste, che sono il vanto del mondo protestante. Su questo punto non ci sono dubbi. L'imparzialità dell'amministrazione moderna è una creazione dell'etica kantiana che pone, al primo posto, il dovere.

La società è migliorata non perché la gente si ama di più, ma perché ha edificato organizzazioni impersonali giuste. L'impiegato dietro lo sportello non ha bisogno di spirito di carità. Il mondo moderno è nato sulla separazione dell'etica dai sentimenti, siano essi altruistici o personali. Le virtù sono state oggettivate in regole impersonali e imparziali di condotta. Il risultato ultimo è il robot che risponde prontamente alle domande di tutti, sempre pronto, servizievole, infaticabile, infinitamente paziente, equanime, giusto.

Se questo è il progresso dell'umanità, cosa c'entra l'amicizia? Non c'entra affatto.[2] L'amicizia ama ciò che apprezza e apprezza ciò che ama. Essa non è perciò più meritevole, è un sovrappiù rispetto al dovere. L'amicizia ha un senso solo in quanto gli esseri umani hanno anche bisogno di amore, di considerazione personalizzata da parte di altri esseri umani. L'etica impersonale fa progredire l'organizza-

2 Vi sono stati numerosi tentativi di capovolgere la posizione kantiana e di dedurre l'agire virtuoso dai sentimenti di benevolenza. Per esempio Lawrence A. Blum, *Friendship, Altruism and Morality*, Routhledge e Kegan Paul, London 1980. Dicendo che l'amore, nei rapporti in cui c'è amore, è la fonte prima dell'etica (ama et fac quod vis), ciò non significa che non occorra un'etica. È vero, l'amore guida senza fallo alle azioni giuste. Però noi ci stanchiamo, siamo pigri e dimentichiamo facilmente di fare le azioni. Diciamo «ti amo, ti amo», ma non facciamo nulla di concreto. Occorre invece una pratica, un apprendimento, una disciplina. Occorre che io, guidato dall'amore, mi imponga di andare a trovare mia madre o i miei figli, il mio amico ammalato. Ogni società ci indica dei doveri verso coloro che noi dichiariamo di amare. Essi promanano dalla semplice intuizione applicata alle situazioni concrete. Se mia madre è sola ed io la amo, devo soddisfare il suo desiderio di compagnia. Qualunque etica ci impone di fare il bene dell'altro. Nell'amore sentiamo anche il desiderio di farlo. Però fra il desiderio e l'azione c'è una frattura che può essere colmata solo dalla pratica di un dovere.

zione sociale, ma solo l'amore rende vivibile la vita. In ospedale il medico deve curare tutti ugualmente bene, ma sarà la madre che tiene la mano del bambino che piange. Perché il bambino ha bisogno di cure come gli altri, ma anche di sua madre che è solo sua e di nessun altro. La vita è fatta di entrambe le cose. Mentre l'organizzazione sanitaria migliora, l'amore della madre resta lo stesso. Così è dell'amicizia. Non pretendiamo che essa dia più di ciò che può dare. Non illudiamoci, però, di poterne fare a meno.

Quando una società è basata sulla regola dell'imparzialità, questa diventa una precondizione dell'amicizia. Al mio vero amico io non posso chiedere di agire nei miei riguardi violando la regola dell'imparzialità. Se è medico, di trascurare gli altri ammalati, se è giudice di favorirmi. Se lo facesse sarebbe immorale e, quindi, meritevole della generale disistima. Ora, se io sono suo amico, non posso volere il suo male.

Perciò nei Paesi in cui la società è organizzata su base particolaristica, l'amicizia sarà particolaristica. Ma oggi, che la società è fondata su regole universalistiche, l'amicizia deve, per prima cosa, rispettare l'universalismo e l'imparzialità. L'amicizia accetta le virtù sociali così come la società le dà e le rispetta scrupolosamente. Non le crea, ma ne è la più rispettosa applicatrice e la più gelosa custode.

2 Abbiamo visto che la spinta dell'amicizia alla preferenza non è un fatto morale. Si può contrapporre alla morale come privilegio, oppure può completarla, costituirne un arricchimento. Ma non ha, in realtà, un significato più profondo? I cuccioli si spingono entrambi verso la madre per prendere il cibo. I bambini si fanno avanti per avere affetto. È questa la prima spinta alla preferenza? Oppure dobbiamo cercarla nella competizione, nell'agonismo? Il desiderio di essere amati e preferiti ha la stessa radice del-

l'eccellere e, quindi, del successo? O, invece, appartiene alla competizione sessuale, a quella per il rango o per il territorio? Può darsi che ci siano radici di questo genere. Ma, più probabilmente, siamo fuori strada. In realtà nell'amicizia non c'è lotta. Non è scacciando gli altri che si diventa amici. Si compete per un amore, per l'erotismo, non per l'amicizia. La preferenza richiesta dall'amicizia è considerazione individuale, riconoscimento del valore della propria individualità, unica e inconfondibile. Ogni individualità merita questo riconoscimento. Non lo sottrae ad un altro. La madre trova, in ciascuno dei suoi figli, alcune virtù particolari: uno è simpatico, l'altro cordiale, il terzo paziente, l'ultimo dolce. Ciascuno ha un di più. In realtà è solo un diverso. Ma quel diverso è una virtù e ogni virtù è assoluta, è un primato. Chi non l'ha manca di qualcosa. Cosa è mai uno che manca di pazienza? O di coraggio? O di dolcezza? Il di più costituisce l'unico, il diverso, l'inconfondibile. Questo «di più» non viene, perciò, misurato con un unico metro di valutazione come nelle competizioni agonistiche (o in tutte le cose in cui c'è una posta, per esempio il corteggiamento).

L'amicizia ha più a che fare con ciò che ci individua come persone uniche ed inconfondibili, che con ciò che ci mette al di sopra. Noi teniamo moltissimo al giudizio dell'amico. L'amico è colui che ci comprende, è colui che sa apprezzare alcune nostre virtù poco appariscenti. Amico è colui che ci rende giustizia. Ma non è un giudice di gara, non ci dà né trofei né premi, non ci dà ricchezza, non sanziona la nostra superiorità sociale. La preferenza di cui parliamo è un riconoscimento dell'individuazione, della nostra persona e del suo valore. Riguarda la natura stessa dell'io. Scrive Popper: «Ciò che rende la vita degna di essere vissuta sarebbe immediatamente compromesso se le vite non fossero assolutamente uniche, ma sotto ogni aspetto tipiche di una data classe di persone, così da ripetere esattamente tutte le azioni ed esperienze di tutti gli altri uomini che appartengono alla stessa classe. È l'unicità delle nostre esperienze che, in questo senso, rende le nostre vite degne di essere vissute...»[3]

In realtà non basta neppure l'unicità. È la persona cosciente ciò che conta. Ogni cosa è unica, anche questo sasso, ma non per questo ha valore. Il valore è dato dalla centralità dell'io come coscienza, cosciente unità del molteplice. Per una ragione totalmente misteriosa la vita ha prodotto la coscienza, e questa sa che esiste e che può non esistere. Per scegliere l'esistenza la coscienza deve volersi, deve dire di sì a se stessa, valutarsi, giudicarsi migliore del non essere. Se non lo facesse, se non avesse questo narcisismo originario, si dissolverebbe. Nell'animale la forza di conservazione è affidata all'istinto, alla fuga, al dolore. Nell'uomo alla scelta fra essere o non essere. Il dilemma si ripresenta sempre. E se si sceglie l'essere, cioè il se stesso, al niente, al sonno, non è solo perché c'è la paura, la fame, la sete, il dolore, cioè l'istinto. Ma anche perché l'io apprezza se stesso, riesce ad amare questa sua miracolosa individualità. Fragile, patetica individualità personale. «Effimeri» sono chiamati gli uomini da Eschilo. Per questo motivo ciascuno vuol essere amato per se stesso, al di sopra di tutto, soltanto per pura inclinazione. Ciascuno, in sostanza, vuole la preferenza assoluta. Perché, creata la coscienza, la vita può proseguire solo se la coscienza individuale si trova dotata di valore, se si preferisce. L'amore è il modello di questa preferenza. I bambini non potrebbero conservare in sé la spinta vitale se non si sentissero amati dalla madre. Freud ci ha dato delle pagine bellissime su questo disperato bisogno di oggetti di amore e di identificazione. Anche l'innamoramento è, in definitiva, trovare colui che, preferito e preferibile fra tutti, ci ama più di ogni altra cosa. Noi abbiamo bisogno di sentirci amati più di ogni altra cosa al

3 Karl Popper, *La società aperta e i suoi nemici*, Armando, Roma 1973, vol. II, pag. 322.

mondo per trovare la forza di dominare l'incredibile molteplicità che esiste dentro di noi. Noi siamo il prodotto di tutte le nostre esperienze sociali, di tutte le nostre identificazioni, di tutti i nostri desideri. L'io è l'unità labile, precaria, di queste forze divergenti, sempre sul punto di disperdersi, di dissiparsi. L'amore è ciò che gli dà sostegno e forza.[4] Non la giustizia astratta, l'amore personale rivolto a lui solo.

Ma c'è, forse, un'altra spiegazione, più profonda ancora. Nella specie umana l'individuo può imporre un mutamento di rotta alla cultura e quindi, in definitiva, all'evoluzione. L'intelligenza creativa può realizzare questo supremo avvenimento. Il singolo individuo è, potenzialmente, detentore di un potere immane, del potere di creare nuove specie biologiche. La coscienza è perciò coscienza di essere (potenzialmente) una specie a sé. L'intelligenza è programmata alla creazione del diverso. Ogni uomo è (potenzialmente) un nuovo Adamo.[5] Questo conferisce un valore incredibile all'individualità. L'innamoramento, l'amore materno o paterno, l'amicizia si rivolgono tutti all'individualità personale. La cosa più fragile, eppure la più importante. Tanto fragile da aver bisogno di un sostegno esterno, del riconoscimento e dell'amore di un'altra persona dotata di valore. Eppure l'unica potenza indomabile della natura.

4 Vedi Francesco Alberoni, *L'albero della vita*, Garzanti, Milano 1982, pag. 115.
5 *Ibidem*, pag. 23.

CAPITOLO SESTO

1 L'amicizia è, nella sua essenza, un rapporto fra due individui isolati, padroni di se stessi. Ed è un incontro fra uguali. Anche se le loro condizioni economiche e sociali sono diverse, essi possono essere amici solo se si incontrano come due sovrani indipendenti, di uguale potere e di pari dignità.[1]

In genere, quando pensiamo all'amicizia, pensiamo al bisogno, ai favori. Infatti noi ricorriamo agli amici quando ne abbiamo bisogno. Spesso ci ricordiamo di loro quando siamo in difficoltà. Però non sono questi i momenti che costituiscono la vera amicizia.[2] Non è avendo continuamente bisogno l'uno dell'altro che si diventa amici. Anzi, in questo caso, possono nascere molti dissapori. L'amicizia non sopravvive se noi ci mettiamo nella condizione di aver sempre bisogno di un nostro amico. L'amicizia è incompatibile con un elevato grado di bisogno. Lo è perché è incompatibile con un troppo grande squilibrio di potere. Se io ho bisogno di qualcosa la cui soddisfazione dipende da qualcun altro, allora l'altro ha un potere su di me. Se io, perciò, ricorro sempre ad un certo amico, finisco per dipendere da lui, gli conferisco un potere. Potere che divente-

1 C.S. Lewis, *I quattro amori*, Milano, Jaka Book, Milano 1982, pagg. 92-93.

2 Lo aveva già sostenuto Cicerone, *op. cit.*, pag. 173 e lo ripete chiaramente Lewis, *op. cit.*, pagg. 91-93. Il fenomeno è vero anche in altre culture. J. Pitt-Rivers in *People of the Sierra*, Phoenix, Chicago 1963, mostra che gli amici si aiutano scambievolmente. Ma a condizione che sia chiaro che lo fanno perché sono amici, e non che sono amici perché lo fanno.

rà tanto maggiore quanto più mi metto nelle sue mani. Questo comportamento contrasta totalmente con la sovranità dell'amicizia e, inevitabilmente, finisce per distruggerla. Anche se l'altro ha la miglior disposizione nei miei riguardi, anche se fa per me le cose volentieri. Basta che una volta lui sia disattento, oppure sia in difficoltà, o semplicemente un po' annoiato e noi ci sentiremo traditi. Comportandoci in quel modo abbiamo agito da pigri e, perciò, non abbiamo agito da amici. Lo abbiamo caricato di doveri, lo abbiamo, in definitiva, ricattato. Lo abbiamo messo in condizione di sentire la nostra amicizia come un peso. L'amicizia deve sempre essere leggera. L'amico deve potermi sempre aiutare lietamente. Ma questo presuppone il bisogno eccezionale, non quello abituale. L'amicizia è dono occasionale, non beneficenza continuata. Se, poi, quel favore io me lo merito facendogli a mia volta dei favori che quasi lo obbligano (do ut des), allora sto trasformando la mia amicizia in un ricatto e lo costringo a difendersi. È meglio una situazione contrattuale esplicita. La migliore misura delle utilità è il mercato, non l'amicizia. Perciò non posso chiedere come diritto ciò che l'altro, una volta, mi ha dato spontaneamente e lietamente. Se un amico è potente è bene che io mi metta in condizione di non averne bisogno.

Aristotele ha dedicato molte pagine dell'*Etica* a Nicomaco alla discussione delle forme di amicizia fra persone che non sono uguali.[3] È possibile l'amicizia fra un ricco ed un povero, fra una persona colta ed una incolta, fra un adulto e un bambino? Vi è una tendenza generale a rispondere che non è possibile. Per esempio C.S. Lewis sostiene che è impossibile e, per indicare questo tipo di amore, usa l'espressione *affetto*. Non c'è dubbio che una elevata disuguaglianza

3 Aristotele, *Etica nicomachea*, cit., capitolo IX. È considerevole la letteratura, soprattutto di lingua inglese, che mostra l'importanza, nella scelta degli amici, delle somiglianze di età, sesso, classe e stato civile. Vedi P. Lazansfeld e R. Merton, *Friendship as Social Process*, in M. Berger, T. Abel and C.H. Page, *Freedom and Control in Modern Society*, Van Nostrand, New York 1954, pagg. 18-66.

rende impossibile l'amicizia. Però molte disuguaglianze sono superabili se gli amici le mettono fra parentesi. Concretamente questo significa che chi detiene una superiorità ed un potere deve metterlo tutto a disposizione dell'amico. L'altro, però, non deve utilizzarlo. Deve, al contrario, imparare a non sentirne il bisogno. Allora l'amicizia è possibile perché non è fondata sulla disuguaglianza ed il bisogno, ma su ciò che ciascun amico è per se stesso, sul suo particolarissimo valore, su ciò che apporta all'edificazione della personalità dell'altro.

Vedendo l'amico bisogna dimenticare il bisogno. L'amicizia assomiglia all'umiltà, non può esistere che dimenticandosi di se stessa.[4] Non c'è, perciò, amicizia se non c'è abbandono, il «sia come sia», resa all'esistente, attesa che non implica ottenere, perché l'ottenere è sempre in sovrappiù. Amicizia è, perciò, autolimitazione dei desideri. Ma senza rinuncia, senza soffrire. È un non pensarci, accontentarsi, non desiderare, non bramare. L'amicizia richiede che non ci sia né invidia né avidità. Quello che viene è benedetto. Nell'amicizia c'è passaggio dalla indifferenza alla gioia. Io non voglio desiderare per non essere deluso, se ricevo però è una grande gioia, anzi è meraviglioso.

Tutte le cose dotate di valore, e perciò anche l'amicizia, devono avere nel loro cuore il passaggio dal nulla al tutto. Occorre il vuoto perché ci sia il pieno. Nell'amore è la disperazione che si fa estasi esaltante. Qui è il fare a meno che diventa contentezza.

La rinuncia non vuol dire compiacenza del rinunciare. Chi si compiace di rinunciare è poi incapace di gioire. La

4 C'è un mistero. La felicità vuol dire che non mi importa più nulla di me stesso. Il massimo di me è il non me stesso. La bella morte è quella in cui moriamo per gli altri. Se il nemico ci attacca, ci buttiamo avanti senza paura per difendere i nostri e moriamo senza timore. La nostra natura ci chiede di essere parte di una entità più complessa di noi. Allora cessiamo di avere desideri. Il massimo del desiderio è la fine del desiderio. Ma non è uno stato, è un istante, appare sempre in un istante.

rinuncia dell'amicizia non è un atto eroico. È piuttosto scacciare un pensiero molesto. Una volta realizzato questo tipo di uguaglianza che ha come base, da un lato la generosità, dall'altro il disinteresse, ciascuno dei due può serenamente chiedere. Non ci si umilia davanti all'amico. Chiedere ad un amico non è un problema, è altrettanto naturale che offrire, regalare.

2 Perché invece, in tutte le altre situazioni, chiedere ci umilia? Per esempio chiedere un aumento di stipendio? Perché, nel momento in cui noi chiediamo, diamo all'altro un ulteriore potere, ci mettiamo in sua balìa. Se ci dice di no, ne usciamo ancor più indeboliti, ed egli ancora più forte. I sindacati non chiedono, esigono. I lavoratori hanno fatto un cambiamento radicale rinunciando a chiedere. Hanno capito che chiedere non serve. L'umiliazione non paga. Non chiedono, lottano, rivendicano. La rivendicazione si fa in nome del diritto e con minacce. Chiede, ma con un'arma in mano. È come una estorsione. L'estorsione per avere ciò che è dovuto. L'estorsione nei riguardi di un ladro ha dalla sua il buon diritto e la forza. Invece il puro chiedere non ha dalla sua parte nemmeno il buon diritto. Il singolo individuo ha la percezione di una ingiustizia, sa di aver maturato dei diritti, ma non ha la forza di affermarlo. Gli altri gli dicono: «Tu hai ragione, ti ha trattato ingiustamente.» Ma non alzano un dito per lui. Anzi, sono contenti, godono della sua umiliazione. C'è una crudeltà nei riguardi dei poveri, dei deboli, dei miserabili. C'è un piacere nel vedere un altro umiliato. È andato, si è umiliato, ha fatto una richiesta e gli hanno sbattuto la porta in faccia. Il singolo, in questa situazione, percepisce il suo diritto, ma non ha la forza di esigerlo. Supplica, prega. La distanza fra lui e il padrone cresce, diventa infinita. Quando c'è una infinita differenza di potere, la giustizia è tutta da una parte. Solo la costituzione di un contropotere consente di eli-

minare l'umiliazione. Solo nel farsi potere emerge il diritto. La rivendicazione presuppone un potere, la possibilità di uno scontro, di una lotta. Solidarietà collettiva, coscienza del diritto, rivendicazione e preparazione allo scontro si muovono insieme, sono diverse manifestazioni di uno stesso processo. La richiesta che non umilia, la richiesta di ciò che è dovuto è, perciò, sempre richiesta armata. Anche quando si chiede qualcosa allo sportello postale, al banco di un negozio, se ci viene negato, abbiamo la possibilità di imporci o di esercitare una rappresaglia. Il commesso non può rifiutare, perché possiamo appellarci al direttore. Il negoziante non può impedirci di fare una scenata che influenza negativamente gli altri clienti. In un sistema di aspettative reciproche istituzionalizzate chi sta dietro al banco deve soddisfare il cliente. Se non lo fa subisce sanzioni. Il cliente ha un potere. Perfino nei riguardi delle persone amate noi abbiamo un potere. Il potere di farle soffrire se non soddisfano la nostra richiesta.

Verso l'amico, invece, non abbiamo nessun potere. Non protestiamo, non esercitiamo nessuna rappresaglia. Niente. Chiediamo e lui ci dà. Non ci umiliamo a chiedere perché non accresciamo il potere. Contiamo su di lui, ecco tutto. La nostra richiesta è fondata sul presupposto della sua disponibilità. È questo l'incontro degli uguali benevolenti l'uno nei riguardi dell'altro. Fra di essi esiste un tacito patto per cui se qualcuno chiede riceverà. «Domandate ed otterrete, bussate e vi sarà aperto.» Senza però preghiere, ma, appunto, come si bussa alla casa di un amico. L'amico è colui che apre se voi bussate, e che dà se voi chiedete, e non vuole che ci sia contabilità.

3 Che differenza c'è fra l'elogio che mi fa l'amico e quello che mi fa il superiore? Che il superiore, elogiando, mantiene la distanza. Se il superiore, elogiando, mi ammette come pari, diventa mio amico. Ammettermi come pari,

d'altra parte, vuol dire poter essere elogiato da me. O, in altri termini, prendere me come un superiore che lo tratta da pari. Amici sono due persone, ciascuna delle quali avrebbe potuto essere un superiore dell'altra. L'amicizia è un movimento di creazione della superiorità seguito dalla rinuncia ad essere superiori. Ecco perché l'amicizia spesso è un antagonismo evitato. L'amicizia è, perciò, l'incontro di due persone che decidono di mettersi sullo stesso piano, che si riconoscono come sovrani senza più domandarsi chi è superiore e chi è inferiore. È un'attività di uguagliamento.

A volte questo meccanismo di uguagliamento fallisce, allora l'amicizia non può durare. Lo vediamo quando le vicende della vita favoriscono molto l'uno e per nulla l'altro. Abituati all'uguaglianza, gli amici non riescono a superare la differenza. C'è un racconto di Pirandello citato da Santucci,[5] che illustra questo fallimento dei meccanismi di uguagliamento. Due contadini sono soci da undici anni nella stessa fattoria. Ciascuno si fida totalmente dell'altro. Non hanno mai avuto uno screzio. Entrambi sono sposati ed hanno lo stesso numero di figli. Sono cioè simili in tutto e per tutto. La moglie di uno dei due, però, alla sesta gravidanza, muore. Il vedovo, dopo essere rimasto impietrito dal dolore, non vuole che l'amico gli parli o lo tocchi. Dopo tre giorni ordina ai figlioli di aiutarlo a caricare tutta la loro roba e se ne vanno. All'amico, che cerca di trattenerlo, dice che non può più restare. Si intuisce che non riesce a sopportare la nuova situazione. Rimasto solo, con cinque figli piccoli, non può più avere, con l'amico, gli stessi rapporti di prima. Avrebbe bisogno di lui, di sua moglie, in continuazione.

In genere l'amicizia riesce a superare molte disuguaglianze. Sarebbe un errore credere che sia possibile solo fra gente dello stesso reddito o della stessa classe sociale. Vi sono però situazioni in cui la disuguaglianza spezza qua-

5 A. Merlini, L. Santucci, *Il libro dell'amicizia*, Mondadori, Milano 1960.

lunque tipo di amicizia o lo inquina. Per esempio, quando c'è un potere assoluto, solitario, che richiede di diffidare di tutti, di diminuire tutti gli altri. In una monarchia per diritto divino il re non ha bisogno di umiliare, la sua superiorità è riconosciuta. Anche una aristocrazia ereditaria ha dei livelli di rango riconosciuti. La competizione è perciò ridotta. Ma in un dispotismo di tipo nuovo (pensiamo a Mussolini, Hitler, Stalin) tutti possono aspirare al potere. Chi è in alto ha sempre motivo di temere i suoi subordinati. Egli perciò li deve asservire. Se dobbiamo immaginare il contrario di un amico pensiamo al dittatore. Tutti, attorno a lui, sono in pericolo e devono saperlo. Non devono neppure stabilire fra di loro delle relazioni molto strette. Potrebbe essere una cospirazione. I despoti non hanno amici e temono l'amicizia come complotto a loro danno. L'amicizia è una virtù democratica, repubblicana.

CAPITOLO SETTIMO

1 Noi sappiamo che tutte le sostanze, dal punto di vista fisico, possono avere tre stati: solido, liquido e gassoso. Anche nel sociale è possibile distinguere tre stati.[1]

Uno fluido, caldo, appassionato, che ha una grande forza attrattiva ed una grande solidarietà. È, però, instabile e tende a trasformarsi negli altri due stati. Riprendendo una espressione di Max Weber, l'ho chiamato *stato nascente*.

Il secondo stato è quello *istituzionale*. Vi si arriva, di regola, dallo stato nascente, per gradi. Ogni gradino è un atto di scelta, di volontà. L'istituzione è ciò che è stato voluto, trattenuto, realizzato, a partire da ciò che era stato intravvisto nello stato nascente. Anche l'istituzione è animata da una credenza ed ha una forte solidarietà. Non è però ardente come lo stato nascente; è più rigida, più dogmatica.

Il terzo stato — che ho chiamato *quotidiano* — è il prodotto dell'indebolirsi o del decomporsi dell'istituzione. È caratterizzato da una bassa solidarietà e da rapporti utilitaristici e pragmatici.

Questi tre stati possono essere trovati in moltissime formazioni sociali. Formazioni sociali diverse, quando si

1 La teoria qui esposta è trattata in modo sistematico in Francesco Alberoni, *Movimento e istituzione*, cit. Il caso particolare dell'innamoramento come stato nascente e dell'amore come istituzione e quotidianità in F. Alberoni, *Innamoramento e amore*, cit.

trovano nello stesso stato, presentano proprietà analoghe. Invece le stesse formazioni, se sono in due stati diversi, presentano differenze stupefacenti. Per non affaticare il lettore farò subito degli esempi.

Incominciamo con la coppia, o diade, formata da due sole persone. In questo caso lo *stato nascente* corrisponde all'innamoramento. Prima le due persone non si conoscevano affatto o, se si conoscevano, non provavano una particolare simpatia. Poi, improvvisamente, è successo qualcosa. Con l'innamoramento, con lo stato nascente, essi vedono in modo diverso se stessi, il proprio mondo, e il proprio passato. Lo stato nascente è una rinascita, un nuovo inizio. Lo stato nascente sprigiona una solidarietà fortissima. I due individui sono in un certo senso «posseduti» dalla forza collettiva che li anima e li costringe a stare insieme.

La stessa coppia, dopo alcuni anni, ci dà un esempio di *istituzione* (il secondo stato). I due innamorati hanno superato le difficoltà che li separavano, hanno scelto di vivere insieme. Si sono, per esempio, sposati, hanno avuto dei figli. Oggi costituiscono una coppia unita, ma non hanno più l'ardore e l'entusiasmo di un tempo. Anzi, qualche volta, ne provano nostalgia. Non hanno però nemmeno i dubbi che avevano durante l'innamoramento. Allora l'estasi si accompagnava al tormento. L'istituzione è il prodotto della scelta, è qualcosa che è stato voluto. Nello stato nascente tutto sembrava possibile; invece non tutto era possibile. Tutto sembrava superabile; invece molte cose si sono dimostrate immodificabili. È stato necessario scegliere, rinunciare. Ciò che si ha nell'istituzione è però saldamente posseduto.

Prendiamo ora due coniugi stanchi, che conducono una vita normale, retta più dalla consuetudine che dalla passione, più dalla comodità reciproca di stare insieme che da un amore profondo. Qui non c'è nemmeno il sicuro possesso dei valori, la certezza di aver fatto la scelta giusta, l'orgoglio di aver vinto gli ostacoli. Non è una istituzione, è una formazione consuetudinaria, quotidiana.

Le proprietà dello *stato nascente*, dell'istituzione, e della quotidianità, le ritroviamo nei gruppi. Prendiamo, come esempio, un gruppo religioso. Potremmo, con uguale facilità, prendere un gruppo politico o un circolo culturale. L'importante è che lo osserviamo sul nascere. Osservando il gruppo religioso in questa fase noi troviamo persone toccate dalla rivelazione divina, piene di una fede ardente e di una grandissima speranza di rinnovamento. Tutti i gruppi cristiani, prima e dopo la riforma, hanno avuto inizio con l'esperienza di poter realizzare un po' più profondamente, un po' più autenticamente, il vero messaggio del Vangelo. Vi è fratellanza,[2] comunismo spontaneo, la gente è piena di gioia. Guarda al suo passato come ad un periodo di oscurità e di errore. È il tempo dell'entusiasmo, il tempo divino delle origini.

Lo stesso gruppo religioso diventa poi una setta. Si dà delle regole; dirime, in un modo o in un altro, le proprie dispute teologiche. In genere rinuncia anche alle attese entusiastiche dei primi tempi. Sa che la maturazione del Regno è lenta. I membri della setta si chiamano ancora fratelli. Ma non c'è più il comunismo spontaneo delle origini. Non vi sono, però, neppure gli errori e gli eccessi di allora. La setta si è imposta delle norme, ha definito il proprio campo di attività, elegge in un certo modo i suoi pastori. La solidarietà non è più appassionata, fremente. Ma esiste, ciascuno può farvi affidamento. Questa è l'istituzione.

Anche nel gruppo vi è il terzo stato, quello della quoti-

2 Il gruppo allo stato nascente assomiglia a quello che Victor Turner chiama una *communitas*. Vedi V. Turner, *Processo rituale*, Morcelliana, Brescia 1973. La *communitas* di Turner non è però lo stato iniziale del movimento. Non è nemmeno la meta, l'ideale della istituzione. È, nei termini della teoria esposta, una istituzione di tipo particolare.

dianità. Ormai la setta esiste come struttura consuetudinaria. Nessuno vi entra più per conversione. Vi fa parte la gente che nasce nella zona, che va in chiesa perché vi andavano i genitori. Le parrocchie vivacchiano. Il sacerdote si occupa più di affari mondani che di Dio. Non c'è più una forte solidarietà fra gli aderenti. Si usa ancora la parola fratello, ma solo durante le funzioni religiose. Ciò che indicava l'amore reciproco e ardente è diventato una espressione rituale.

Si vede benissimo che lo stato nascente della coppia, l'innamoramento, ha molte cose in comune con lo stato nascente del gruppo: la fusione, la solidarietà, l'entusiasmo, il senso dell'avvento. Lo stesso vale per gli altri due stati, quello istituzionale e quello quotidiano.

Tanto nella coppia, come nei gruppi e, addirittura, nei grandi sistemi religiosi e politici, lo stato nascente resta uno stato labile, che dura poco. Lentamente produce una istituzione. Noi diamo il nome di *movimento* al processo che va dallo stato nascente alla istituzione. Il *movimento*, perciò, ha sempre una certa durata. Sono i movimenti sociali ciò che studiano gli storici. A loro volta diversi movimenti possono confluire in entità sociali di ordine superiore. Il giudaismo, il cristianesimo, l'islam sono anch'essi nati come movimento. All'inizio c'è stato uno stato nascente che ha prodotto un primo nucleo istituzionale. Ma, in seguito, sono venuti altri episodi di stato nascente, altri movimenti che si sono riconosciuti nell'insegnamento originario ed hanno contribuito a creare, via via, una struttura istituzionale sempre più complessa. Al giudaismo, al cristianesimo, all'islam ho dato il nome di *civilizzazioni culturali*. Esse sono delle potenze istituzionali capaci di dare il proprio linguaggio ai movimenti.

2 Dopo aver chiarito i concetti sociologici generali possiamo porci queste domande: l'amicizia è una coppia

o un gruppo? A quale stato appartiene? Allo stato nascente, all'istituzione o alla quotidianità?

Incominciamo con la prima domanda. Qual è il nucleo fondamentale dell'amicizia: la coppia o il gruppo? Una lunghissima tradizione ci dice, con sicurezza: la coppia. Gli antichi ci tramandano numerose storie di amici intimi capaci di dare la vita l'uno per l'altro. Damone e Finzia, Castore e Polluce, Patroclo e Achille, Oreste e Pilade, Eurialo e Niso. Eppure le coppie di amici inseparabili, le coppie «monogamiche» di amici sono rarissime. L'amicizia non tende, in genere, a formare una coppia chiusa, autosufficiente. Questa è piuttosto una caratteristica peculiare dell'innamoramento. L'innamoramento è lo stato nascente di un movimento collettivo che produce una collettività formata da due sole persone. Queste due persone sviluppano fra di loro una solidarietà elevatissima ed entrano nella più grande società unite. L'amicizia, a differenza dell'innamoramento, non è un sentimento esclusivo. Due amici sono contenti quando ne arriva un altro e un altro ancora. Purché anche gli altri si comportino, sia pure per quel momento, come veri amici. Scrive Dante: «Guido, i' vorrei che tu e Lapo ed io / fossimo presi per incantamento.»[3] Dobbiamo allora concluderne che specifico dell'amicizia è il gruppo? Neppure questo. L'amicizia resta un rapporto rigorosamente interpersonale, una preferenza, e non può essere confusa con la solidarietà di gruppo. Lo vedremo dettagliatamente nei prossimi capitoli.

Passiamo ora alla seconda domanda. L'amicizia è stato nascente, istituzione o quotidianità? Anche in questo caso la risposta è analoga a quella precedente. Nessuno dei tre. L'amicizia non è una collettività come la coppia o il gruppo, non si forma attraverso lo stato nascente, e non ha una

3 Dante Alighieri, *Rime*, 9 (LII), Garzanti, Milano 1979, pag. 47.

fase istituzionale e quotidiana. L'amicizia si costruisce mediante gli incontri e dura attraverso di essi. Osservata dall'esterno, da una prospettiva sociologica, *l'amicizia è una solidarietà seriale*. Gli individui non sono posti in cerchio, ma uno di seguito all'altro, in fila indiana. Non sono un esercito, un villaggio, un accampamento, una città. Sono piuttosto dei viaggiatori, dei mercanti, degli esploratori che si incontrano e si lasciano per ritrovarsi di nuovo. Possono anche restare sempre insieme, perché compiono lo stesso viaggio fino alla fine della vita. Ma possono anche incontrarsi una volta sola.

Per questo è assurdo pensare di sostituire la solidarietà del partito, della setta, della città con l'amicizia. Per questo è assurdo cercare di rimpiazzare un amore con l'amicizia. All'amico potrò parlare del mio amore, ma lui non può sostituirlo. L'amicizia è la rete di relazioni interpersonali che attraversano i campi di solidarietà collettiva, siano essi una coppia, un gruppo o una chiesa.

Vista dall'interno, invece, *l'amicizia è reticolare*. Al centro vi sono pochi affetti profondi, rinnovati e riscoperti innumerevoli volte e che sono i pilastri del sistema. Ma, a partire da questi, o senza passare da essi, vi sono poi cento raggi protesi all'esterno. Ciascuno di essi è un incontro o un gruppo di incontri con una persona. L'energia vitale non si ferma mai in un punto, ma percorre la rete, l'accende in un nodo, poi in un altro, poi in un altro ancora. La rete, d'altronde, non è mai terminata. Sono sempre possibili nuovi incontri ed ogni nuovo incontro comporta, in qualche modo, una revisione dell'insieme. La chiusura dell'amicizia altera la struttura reticolare del tutto. Costringe le energie a girare in tondo. Ma anche quando l'amicizia resta confinata entro un campo di solidarietà etnico o politico o religioso, quando non riesce mai ad aprirsi all'esterno su un'altra persona, su un altro incontro, perde qualcosa. Perché l'essenza della rete è l'incontro individuale. E vi è sempre la possibilità di incontrare qualcuno che ci arricchisce, che compie un pezzo di strada con noi, che ci stimola, che ci mostra una possibile meta.

3 Un argomento in cui sorgono, con frequenza, controversie è se, nell'amicizia, ci possa essere gelosia. Abbiamo appena detto che, in genere, a due amici se ne può aggiungere un terzo, o un quarto. Che l'amicizia non è esclusiva. Eppure vi sono anche dei casi di vera e propria gelosia. Soprattutto nell'amicizia adolescenziale che è più simile all'innamoramento. D'altra parte tutti, una volta o l'altra nella vita, ci siamo sentiti abbandonati e avviliti vedendo che il nostro amico o la nostra amica preferita si dedicavano ad un altro e non si curavano più di noi. Ma è gelosia questa? Se il mio migliore amico non mi guarda, mi trascura, si interessa soltanto di una nuova conoscenza, devo parlare di gelosia? Non è più corretto parlare di delusione? Ciascuno di noi, dall'amico, si aspetta reciprocità, affetto, attenzione. Se l'amico non ce le dà, se addirittura ostenta il disinteresse, allora non si sta comportando da amico. Un comportamento del genere mette in crisi l'amicizia, non però perché noi siamo gelosi, ma perché lui si comporta in modo inammissibile. Dicendo che a due amici se ne può aggiungere un terzo e poi un quarto, non intendevamo dire che, allora, si forma un nuovo gruppetto che esclude il primo. Il nuovo amico non deve farci trascurare il vecchio.

Io riserverei l'espressione «gelosia» alle situazioni in cui noi non possiamo dividere il nostro amato con nessun altro; in cui vogliamo che lui pensi solo a noi, in modo esclusivo, e siamo angosciati all'idea che possa non farlo. La gelosia chiede, come l'antico Dio di Israele: non avrai altro Dio oltre che me. Ma non basta nemmeno questo. Per parlare di gelosia occorre che la persona gelosa abbia paura di essere tradita. La gelosia è sempre un po' delirio di gelosia. Il geloso è una persona ossessionata dalla paura di venire abbandonata a favore di qualcun altro.

Anche nell'innamoramento, in genere, non c'è la gelosia intesa in questo senso o, quando compare, dura poco. Nello stato nascente dell'amore abbiamo fiducia, crediamo alla persona che amiamo. È facile, perciò, rassicurarci. La paura di essere abbandonati, traditi, il bisogno ossessivo di tenere l'altro sotto controllo, spesso si sviluppano nella convivenza e nel matrimonio. Essi appartengono più all'area del potere che dell'amore.

Questo tipo di gelosia è totalmente incompatibile con l'amicizia, perché l'amicizia non sopporta né padroni né carcerieri. Incompatibile con l'amicizia è anche il bisogno di esclusività. L'amicizia è aperta, libera, serena. Quando nell'amicizia fanno la loro comparsa questi sentimenti opprimenti, vuol dire che qualcosa non funziona e che, presto o tardi, ci sarà una crisi.

Invece il sentimento di esclusione, il dolore di essere trascurati, sono comprensibili ed ammissibili. Non hanno rapporto con il potere, non sono frutto dell'immaginazione malata. Se un amico mi trascura a favore di un altro, io ci resto male e, se mi mette da parte, soffro. Anche in questo caso, però, vuol dire che c'è qualcosa che non va. Non da parte mia, ma da parte sua. Il mio risentimento è solo la risposta allarmata ad un comportamento ingiusto e pericoloso per la nostra amicizia.

CAPITOLO OTTAVO

1 Nello stato nascente gli individui si sentono trasfigurati, si vedono l'un l'altro con caratteri eroici, splendenti. Però sono frammenti di un'unica fusione, personalità non ben differenziate e fondamentalmente, perciò, tutti fungibili. In questa lava fusa, ardente, dove l'individualità si dissolve nel collettivo, solo in seguito si ritagliano le personalità.

Soffermiamoci su questo processo nel caso dell'innamoramento. Nell'innamoramento, all'inizio, noi non sappiamo nulla dell'individualità, della concretezza della persona amata. Sappiamo che l'amiamo prima di sapere dove abita, se ha fratelli e sorelle, se ha padre e madre, se è ricca o povera, sana o malata. Per farle piacere dovremmo conoscere i suoi gusti. Ma noi pretendiamo di farle piacere con noi stessi, con la nostra presenza, con la nostra dedizione. Noi supponiamo che le interessi una cosa sola: il nostro amore, e, perciò, le diamo prova di quanto sia grande. D'altra parte, ciò che lei è ci va bene. Perché non dovremmo andarle bene noi come siamo? Non ci preoccupiamo dei suoi bisogni. Anche i suoi affetti non ci interessano. Se ne veniamo a conoscenza ci commuovono come, nel *Werther*, l'amore di Carlotta per i fratellini.[1] Ci colpiscono, cioè, solo come qualità di Carlotta. Loro, i fratellini, non contano.

Questa differenza si vede molto bene nel modo in cui vengono scelti i regali dagli innamorati e dagli amici. L'in-

1 Wolfgang Goethe, *I dolori del giovane Werther*, Garzanti, Milano 1976.

namorato sceglie come regalo una cosa che possa rendere ai suoi occhi la persona amata ancora più desiderabile e bella. La prima cosa che fa una donna innamorata è di cambiare il suo abbigliamento per piacere al suo uomo. La seconda è di cambiare radicalmente l'abbigliamento del suo uomo perché piaccia a lei. Essa era innamorata dell'uomo come era prima, però non lo vuole più come prima. Con i suoi regali lo cambia per portarlo vicino ad una perfezione che va costruendo nella sua mente. Ma anche l'uomo innamorato cerca, con i suoi regali, di sottolineare o di potenziare la bellezza della sua donna. Nessuno dei due innamorati, in sostanza, regala qualcosa che piace già all'altro, non si preoccupa di soddisfare i suoi gusti. Regala ciò che contribuisce a rendere l'amato ancor più desiderabile per sé. Invece il regalo che facciamo ad un amico lo scegliamo perché piaccia a lui, perché lo arricchisca, lo potenzi in base ai suoi criteri. Possiamo, certo, anche regalargli qualcosa che non si aspetta, che non conosce, ma sempre nell'ipotesi che rientri nei suoi interessi, nei suoi gusti, che si accordi con la sua sensibilità. Per fare un regalo ad un amico noi dobbiamo pensare a lui come è, a cosa può farne, a dove può usarlo. Non vogliamo renderlo bello, attraente, desiderabile ai nostri occhi. Ci poniamo, in sostanza, al suo servizio. Non cerchiamo, come nell'innamoramento, di porlo al servizio di un ideale.

Noi non cerchiamo di intuire i bisogni quotidiani, le preoccupazioni giornaliere della persona amata. Supponiamo una rivoluzione totale (come c'è in noi).

La persona che dice al suo innamorato «non mi capisci», intendendo che lui non si cura di tutti i suoi desideri abituali, non lo ama. Perché l'innamoramento è un abbandonare i desideri abituali, gli infiniti desideri abituali a favore di un solo desiderio essenziale. Chi ama si preoccupa solo di ciò che ritiene essenziale, e l'essenziale non è la somma di tutti i particolari di cui è fatto l'altro. L'essenza viene prima dei particolari. I particolari assumono valore dall'essenza. Nessun particolare riuscirebbe a farci amare quella persona, e tanto meno tutti insieme. Ma, se amiamo, qualsiasi particolare diventa bello. Esso è, in fondo, irrilevante. Nell'innamoramento l'io empirico perde valore rispetto all'io della fusione amorosa, quasi totalmente staccato da ciò che era. L'io è rinato e la sua essenza è nel suo rinascere.

L'innamoramento dice: amiamoci, ed il resto ci verrà dato in sovrappiù. Se l'amato è preoccupato, l'amante sente questa preoccupazione come un ostacolo. Finché sei con me non pensare ad altro — dice. Fa che quest'ora sia splendente come il sole. Lascia le preoccupazioni meschine e volgari da parte. Non inquinare con delle cose banali ciò che è, per sua natura, straordinario. No, l'innamorato è ben poco disposto a mettersi nei panni dell'altro così come è a farsi carico dei suoi problemi. L'amore chiede di superare, di trascendere quei problemi, di andare avanti nelle regioni dove essi appaiono privi di valore. In realtà la mèta dell'innamoramento non è di soddisfare i desideri o di affrontare i problemi di un individuo, *ma di fondare una nuova società*. Tutto ciò che ostacola o intralcia viene respinto o ignorato. Solo quando la società è fondata può tornare il rispetto per l'individuo così come è. Solo allora la comprensione reciproca ritorna ad essere essenziale.

Solo dopo, più tardi, quando la coppia è costituita, c'è un lento processo di scoperta, riconoscimento, rispetto della persona singola, così come è in realtà. L'amore, che si rivolge all'essenza, impara a soddisfare i desideri empirici, concreti della persona amata. Cerca ciò che le piace e scarta ciò che non le piace. Penetra nelle sue preoccupazioni. Il passaggio dall'innamoramento all'amore è proprio questo.

2 L'innamoramento, finché è vivo, rende inconoscibile l'altro. Tende alla collettività e spinge l'individuo a trascendersi nella collettività. Se continuiamo ad essere inna-

morati di una persona, anche dopo anni di separazione, continuiamo a non sapere che cosa veramente fosse e che cosa veramente pensasse. Di un amore che non si è consumato nella quotidianità, ma che è stato troncato, non sapremo mai neppure se l'altro ci amava veramente oppure no. L'innamorato non è mai sicuro dell'amore dell'amato se l'amato non glielo dice. Solo chi non è innamorato può capire se l'altro è innamorato, da comportamenti, gesti tipici. Il non innamorato diagnostica. L'innamorato spera.

L'innamoramento può continuare, farsi istituzione, e allora diventa amore reciproco, stabile, profondo. Può invece fallire. In questo caso, in genere, non termina per consunzione lenta, pacifica. La sua fine è sempre drammatica, dolorosa. C'è sempre delusione. L'innamoramento è una ricerca della reciprocità, una esplorazione del possibile. Ciascuno chiede all'altro delle cose che non ha o non può dare, delle cose che non può fare. Ciascuno incontra sempre, nell'altro, dei punti di non ritorno. La disperazione che appare al punto di non ritorno rivela gli aspetti più profondi della persona, i cardini su cui è costruito l'io. È contro questi ostacoli, questi punti di non ritorno, che l'amore si infrange. Agli occhi dell'innamorato i rifiuti dell'altro sono debolezze colpevoli, limiti assurdi. Se l'altro non fa ciò che lui chiede non si sente riamato «abbastanza». Perciò dice di no, se ne va. Perché pensa: se lui non fa cose di così poco conto, allora vuol dire che non mi ama. L'ostacolo che interrompe lo sviluppo positivo dell'innamoramento è sempre dovuto a qualcosa che sembrava troppo banale per poter provocare un tale effetto. Tanto banale da farci dire che l'altro ci amava troppo poco, non a sufficienza. Ma poiché l'amore o è o non è, e non ci sono gradi, chi si sente amato in modo insufficiente preferisce rinunciare a tutto.

Entrambi, così, rinunciano all'amore perché non si sentono amati abbastanza. Entrambi arrivano a questa conclusione perché ciascuno rifiuta qualcosa che, invece, potrebbe fare. Ma, a distanza di anni, quando l'innamoramento è finito, quello che sembrava un ostacolo meschino appare ciò che in realtà era: un asse portante della persona. Tutti gli intralci casuali erano nodi del carattere, perni fondamentali in cui l'amore inciampava nel suo turbinoso trasformare. D'altra parte ciò che appariva troppo poco, oppure non a sufficienza, confrontato con altre esperienze, appare ora molto, moltissimo. Quella che veniva giudicata alterigia viene, ora, vista come insicurezza, paura. Ciò che sembrava superficialità era coraggio, l'incertezza disperazione. Le persone si vedono, per la prima volta, oggettivamente e l'una dal punto di vista dell'altro.

3 C'è un luogo comune, una leggenda che si riproduce, in tutte le forme, secondo cui l'innamoramento, anche quando finisce male, conduce all'amicizia. I due che, innamorati, non si conoscevano e non si comprendevano, ora si accorgono che, in realtà, si conoscevano a fondo e, liberati dalla passione, si amano come amici. Questo, in genere, non è vero. L'innamoramento, quando finisce, lascia sempre qualche rancore, qualche amarezza. Anche dopo anni ciascuno rimprovera all'altro di non aver saputo conservare e di non saper ritrovare il paradiso perduto. Gli ex innamorati vorrebbero ritrovare l'emozione entusiasmante delle origini e, poiché sono solo loro due, e non ci sono altre cause che ostacolano la loro azione, si accusano l'un l'altro di non saper far rivivere ciò che è morto. I loro cuori sono sempre pieni di nostalgia e la nostalgia crea risentimento. Soprattutto in quello dei due che ha avuto l'impressione di essere stato più danneggiato, di essere stato ingannato. È perciò molto difficile, contrariamente a quanto si dice e, soprattutto, si spera, che l'innamoramento, finendo, lasci una serena amicizia. Lascia piuttosto il desiderio ossessivo di manipolare l'altro, di occupare i suoi pensieri, di attirare la sua attenzione, senza lasciarlo un attimo solo. L'amore, quando finisce male, si trasforma spesso in desiderio di pos-

sesso, testardo, rapace. Questo desiderio di continuare ad esistere nel cuore dell'altro può ispirare azioni grandi ed eroiche, può spingere, chi ha delle doti creative, a realizzare un'opera d'arte. Nei meschini e nei meno dotati ispira invece le telefonate di rimprovero, o di critica e poi, giù giù, fino alla maldicenza, alle lettere anonime.

L'amicizia fra ex innamorati è, perciò, difficile, proprio perché in loro continua ad agire il desiderio del paradiso perduto e il risentimento nei riguardi di chi non lo ha saputo realizzare un tempo e non sa evocarlo ora. L'amicizia può sorgere solo quando tutti questi fantasmi sono stati dissolti. In genere quando entrambi si sono innamorati un'altra volta. Solo un nuovo innamoramento distrugge il risentimento. Solo un nuovo innamoramento felice ripercorre il passato col suo fuoco purificatore. Solo quando questo innamoramento è diventato amore sereno, possono ritrovarsi serenamente. Allora tutto dipende dalle virtù che possedevano veramente. L'amicizia è un giudice impietoso, non ammette eccezioni. Se avevano delle qualità che anche la lucida coscienza riconosce come valori, può sorgere l'amicizia.

L'amicizia non è, quindi, una continuazione dell'amore. È la riscoperta della persona un tempo amata. Non più con gli occhi entusiasti dello stato nascente, ma con quelli attenti dell'incontro. In questo caso il passato non va perduto. Costituisce lo sfondo di una solidarietà profonda.

Perché, allora, la gente dice così spesso: «Siamo rimasti amici»? Forse, semplicemente, per indicare che sono rimasti in buoni rapporti, che fra di loro non c'è più risentimento e rancore. O che provano un reciproco affetto. Due persone che si sono amate, e che non si amano più, possono soccorrersi in caso di pericolo, essere solidali. Lo fanno perché si conoscono e perché hanno un passato in comune. Ciascuno di essi è, nei riguardi dell'altro, un «prossimo», a cui si deve aiuto ed anche un po' di riconoscenza.

Spesso, però, la gente dice «siamo rimasti amici» proprio per negare ciò che continua ad esistere: il desiderio ed il rancore profondi. Dice così per convincersi di aver domato i demoni. L'amicizia apollinea serve a nascondere la tentazione e la paura del dionisiaco. A volte, infine, questa frase serve solo a dire che i due ex amanti hanno conservato dei rapporti civili, cortesi, non avvelenati dall'odio. Marilyn Monroe e Arthur Miller, dopo il divorzio, continuavano a parlare bene l'uno dell'altro; dicevano, in continuazione, di essere rimasti amici. Ma era vero? In realtà non si sono più incontrati. Forse se lo ripetevano solo per poterci credere, per esserne sicuri. Tutto questo conferma solo quanto in realtà sia difficile arrivare all'amicizia partendo dall'amore.

4 Dopo quanto abbiamo detto dobbiamo domandarci se molte delle amicizie celebri dell'antichità debbano essere considerate forme di amicizia e non fossero, invece, dei casi di puro innamoramento. In una delle sue opere giovanili, il *Liside*, Platone tratta dell'amicizia. Ma un lettore moderno ha piuttosto l'impressione che metta insieme l'amicizia, l'erotismo e l'innamoramento omosessuale. Fin dall'inizio Socrate racconta di aver chiesto: «Ma tu, Ippotale, chi preferisci? È questo che devi dirmi. Alla mia domanda,» continua Socrate, «egli arrossì. Ed io ripresi. Mio caro figliol di Geronimo, Ippotale, non ti chiedo se sei innamorato o no di qualcuno. Lo so che non solo ami, ma che hai già fatto molto cammino sulla via dell'amore.»[2] Ctesippo aggiunge poi che Ippotale non fa altro che parlare di Liside, che scrive poesie e canzoni al suo amato e le canta la notte. Per noi non ci sono dubbi. Ippotale è innamorato del bellissimo Liside, pazzamente innamorato.

In un recente libro un autore americano di cui abbiamo già parlato, Reisman, presenta, come caso tipico di amici-

2 Platone, *Tutte le opere*, Sansoni, Firenze 1974, pag. 615.

zia personale, il rapporto che unisce Gionata, figlio di Saul, a Davide. Ricordiamo i fatti: Davide ha sfidato e vinto Golia dando la vittoria ad Israele. Viene portato alla reggia e presentato al re. Allora, dice la Bibbia, «quando Davide ebbe finito di parlare a Saul, l'anima di Gionata si avvinse talmente all'anima di David, che l'amò, Gionata, come l'anima propria... e Gionata strinse un patto con David perché l'amava come l'anima propria. Infatti, toltosi il mantello che lo ricopriva, Gionata lo donò a David; così pure la sua tenuta militare insieme alla sua spada, al suo arco e alla sua cintura».[3] Da allora in poi Gionata salverà continuamente David dalla gelosia del padre. È difficile sottrarsi all'impressione che Gionata si sia innamorato, a prima vista, del giovane e bellissimo eroe. Quello di Gionata è, probabilmente, un amore unilaterale non corrisposto. L'essere non corrisposto è tipico dell'innamoramento, mentre la reciprocità è tipica dell'amicizia. L'amicizia non può continuare se non è ricambiata. Se ne era già accorto Aristotele, che scrive: «Quelli che poi vogliono in tal modo del bene, anche se da parte dell'altro non v'è ricambio, si chiamano benevoli: infatti, quando v'è ricambio, la benevolenza si chiama amicizia.»[4] Una amicizia che non sia reciproca è un non senso. Gli amici devono essere dei pari, non può esserci uno squilibrio di potere fra di loro. Un amore non ricambiato mette tutto il potere da una parte, dalla parte di chi non ama. Questo tipo di amore è perciò anche ingiusto e l'amicizia è incompatile con l'ingiustizia.

Un caso particolarmente interessante è quello rappresentato da Montaigne. Montaigne ebbe un grande amico, il giovane Etienne de La Boétie che però, dopo alcuni anni, morì. Da allora Montaigne non fece che rimpiangerlo e non riuscì ad avere nessun altro amico come lui. Molti anni dopo, negli *Essais* scrive: «Poiché, in verità, se confronto

3 *Samuele*, 18.
4 Aristotele, *Etica nicomachea*, cit., pag. 196.

tutto il resto della vita, che pure, per grazia di Dio, mi è trascorsa dolce, facile e, salvo la perdita di un tale amico, esente da gravi dolori, piena di tranquillità di spirito, essendomi accontentato dei miei agi naturali e originari senza cercarne altri; se la confronto, dico, tutta quanta ai quattro anni in cui mi è stato dato di godere della dolce compagnia e familiarità di quell'uomo, essa non è che fumo, non è che una vita oscura e noiosa. Da quando lo persi... non faccio che trascinarmi languente.»[5] Si tratta, perciò, di un amore totale, esclusivo, che lascia un vuoto incolmabile. In un altro punto dei *Saggi*, Montaigne dice esplicitamente che la vera amicizia, di cui quella con Etienne è il modello, «è indivisibile: ciascuno si dà al proprio amico tanto interamente che non gli resta nulla da spartire con gli altri; al contrario si duole di non essere doppio, triplo o quadruplo, e di non avere più anime e più volontà per consacrarle tutte a quest'unico oggetto».[6] L'impressione che si ricava leggendo queste pagine è di un grande innamoramento. È tipico dell'amore il volere sempre di più la stessa persona, di aspirare ad una fusione totale che gli sfugge. Contro questa interpretazione ci sarebbe il passo in cui Montaigne confronta l'amicizia con l'amore per le donne. Ma, in realtà, questo amore gli interessa molto poco. Montaigne è affascinato solo dalle forme di amicizia-amore omosessuale dei greci. È parlando di queste che dice: «Se si potesse stabilire un rapporto libero e volontario, in cui non solo le anime avessero questo godimento completo ma anche i corpi partecipassero a questo legame, in cui l'uomo fosse impegnato tutto intero, è certo che l'amicizia sarebbe più piena e completa.»[7] In conclusione, l'amicizia totale, «monogamica», la fusione spirituale e corporea descritta da Montaigne è il

5 Michel de Montaigne, *Saggi*, Libro I, capitolo XXVIII, Mondadori, Milano 1970, pag. 257.
6 *Ibidem*, pag. 254.
7 *Ibidem*, pag. 248.

tipo di amore che segue all'innamoramento. Un amore fiducioso e sereno che, in base alle categorie sociologiche da noi impiegate, abbiamo chiamato istituzione: l'amore appassionato, ma anche accettato, voluto, disciplinato dalla ragione. Le innumerevoli discussioni suscitate dalla concezione di Montaigne sull'amicizia sono la conseguenza di questo equivoco.

CAPITOLO NONO

1 Fin dall'antichità si è discusso se l'amicizia deve essere solo interpersonale o possa anche essere comunitaria. A favore di questa tesi stava l'insegnamento di Epicuro, il filosofo che, più di tutti gli altri, ha dato importanza all'amicizia.[1]

L'ideale di Epicuro e dei suoi seguaci era di costituire delle *comunità* di amici in cui condurre una vita di saggezza e di perfezione. Tutta la sua filosofia è orientata all'edificazione di una *comunità* fondata sull'amicizia. Il «giardino» — così si chiamava la sua scuola, dalla casa con giardino in cui si riunivano — è un cenobio formato da un maestro e dai suoi discepoli. Il maestro (Epicuro stesso all'inizio) è colui che conosce la verità e la comunica ai discepoli. Nelle *comunità* epicuree il pensiero del maestro non veniva più messo in discussione, ma insegnato a tutti. Anche alle donne e agli schiavi in forma di catechismo. È amicizia questa? Sulla base del sistema analitico precedente non lo è affatto. L'epicureismo è un movimento che procede attraverso le diverse fasi di stato nascente (di gruppo), di istituzionalizzazione (di gruppo) e di quotidianizzazione del gruppo. Epicuro chiama amicizia una relazione che, sociologicamente, è diversissima: la fratellanza che si costituisce in un movimento.

Non meravigliamoci, questo errore è frequentissimo. C.S. Lewis ad un certo punto scrive: «Si può affermare forse, senza tema di esagerare, che anche il comunismo, il tracta-

1 Epicuro, *Opere*, a cura di M. Isnardi Parente, UTET, Torino 1974.

rianismo, il movimento contro la schiavitù, la riforma, il rinascimento, hanno avuto inizio nello stesso modo (come amici che si incontrano).»[2] Lewis sbaglia perché, in realtà, il gruppo di amici non preesiste al movimento. Non c'erano i dodici apostoli e Gesù che, ad un certo punto, decidono di fare il movimento. Maometto, Abu Bakr e Oman non erano degli amiconi di Medina che, ad un certo momento, decidono di costituire l'Islam. Lutero, Melantone, Zwingli e Calvino non hanno pensato alla riforma nei loro incontri conviviali. Essi si riconoscono grazie al movimento. È la conversione che li accomuna. Nel movimento certo noi troviamo degli amici. *Ma non è il gruppo di amici che fa il movimento*, è nel movimento che si costituiscono gli amici. E, anche questo passaggio, è tutt'altro che semplice. Lo stato nascente del movimento, infatti, genera fortissimi legami di solidarietà, di fratellanza. Non bisogna però confondere assolutamente questo tipo di amore con l'amicizia personale. Chi appartiene ad un movimento si sente compagno, fratello, camerata di tutti gli altri. I compagni (o fratelli, o camerati) tendono alla fusione e si vivono totalmente a servizio del gruppo e della sua missione. Il movimento chiede una dedizione illimitata. Nei movimenti religiosi a Dio. In quelli politici al partito, alla patria, alla rivoluzione. Questo servizio è più importante del singolo individuo il quale, nei suoi confronti, non è nulla. Se c'è un conflitto fra l'individuo e la rivoluzione o la divinità, l'individuo viene spezzato. Gli amici gli diventano improvvisamente nemici. Faranno di tutto per convincerlo ma, al di là di una certa soglia, scatta l'odio, l'accusa di tradimento.

La gente, dentro i movimenti, si vede come trasfigurata. Non solo nei movimenti religiosi. La cosa era impressionante fra le femministe degli anni '70. In quell'epoca le donne parlavano entusiasticamente delle compagne che avevano appena incontrato e conosciuto. Nello stato nascente la

2 C.S. Lewis, *I quattro amori*, cit., pag. 90.

gente sente di appartenere alla repubblica dei santi, alla confederazione degli eletti. Nello stato nascente tutti sono dei capi. Ciascuno si sente totalmente libero, eppure legato al destino collettivo. Anche ubbidendo, perciò, non si sente diminuito perché tanto lui che il capo non fanno altro che ubbidire a questa entità trascendente. Nei movimenti religiosi non c'è più il servo e il padrone, ma due figli di Dio. Come nel comunismo non c'è il signor generale e il soldato Brambilla. C'è il compagno generale e il compagno Brambilla. Il primo ha una funzione che non è più nobile di quella del secondo, è soltanto diversa.

Nei movimenti, perciò, il compagno, il fratello, sono trasfigurati in quanto manifestazioni dell'assoluto, e strumento per la sua realizzazione. Non si incontrano degli amici, ma *dei militanti*. Non è la vera personalità dell'altro che si vede. Abbiamo visto, nel capitolo precedente, che l'innamoramento nasconde la vera natura, i veri bisogni dell'altro. Nei movimenti è lo stesso. Tutti si riconoscono e si elogiano a prima vista, tutti si vedono come eroi. Tutti sono dei «compagni stupendi». Salvo poi odiarsi ferocemente, accusarsi di tradimento. Sono allora vere amicizie? No, il semplice apprezzamento del «bravo compagno» non implica una amicizia. Certo, il movimento stabilisce un legame profondo, una solidarietà, una stima, una connivenza che sembra che si possa facilmente personalizzare. A distanza di anni, di decenni, basterà che quel «bravo compagno» si faccia riconoscere e verrà accolto a braccia aperte. È come la fratellanza d'armi, gloriosa. Ma non è vero; non è un vero rapporto personale. Per conoscere la vera personalità dell'altro occorre del tempo, occorrono delle prove.

2 Le grandi forze collettive sono ugualitarie. Davanti al capo, al re, alla legge, al movimento, l'amicizia appare come privilegiamento ingiustificabile, anche quando non si

propone nulla di diverso da ciò che è richiesto. Nemmeno Gesù poteva fare un cenno d'intesa a Giovanni in pubblico. Osservando l'affresco dell'*Ultima cena* tutti si domandano per prima cosa: «Chi è quello che poggia la testa sulla spalla di Gesù?» Giovanni, infatti, è in una posizione privilegiata.

Nei movimenti, dunque, l'esistenza degli amici personali corregge l'indifferenza spietata del capo o del gruppo. L'individuo è un limite. Qualcuno può osservare che, nel cristianesimo, l'individuo non è solo un limite, è un fine. Amare l'individuo così com'è è un fine. Eppure nei movimenti cristiani questo non è mai avvenuto. Al massimo c'è stata una dialettica individuo-gruppo, individuo-capo. Anche nel cristianesimo lo slancio collettivo tende a stritolare l'individuo, ad assorbirlo nel gruppo. Chi si ferma, chi conserva il padre e la madre è condannato. Chi ha mai detto che il cristianesimo è l'unico movimento che valorizza l'individualità? Il cristianesimo è un movimento come gli altri.

Il movimento, al suo nascere, si pone al di là del bene e del male.[3] Un'etica dei movimenti ha origine solo dal riconoscimento che anche il gruppo ha dei limiti. Nella dialettica individuo-gruppo l'amicizia personale dice che il gruppo non è tutto e l'individuo non è nulla. L'amicizia, in quanto segno di una propensione per l'individuo, ha perciò un valore umano e morale. È una legge generale della vita che ci sia uno slancio sovrabbondante e un limite. Senza slancio c'è solo aridità, interesse; senza il limite solo il totalitarismo morale. Il personalismo è un limite posto al movimento. Ma è anche un perfezionamento, un compimento del movimento.

Compagni e amici non sono, dunque, la stessa cosa. L'amicizia è sempre più imprevedibile dell'ideologia. Non fa tutti uguali, differenzia. Non tratta mai due persone nello

3 Vedi Francesco Alberoni, *Le ragioni del bene e del male*, Garzanti, Milano 1981.

stesso modo, è assolutamente individualizzata. Nessun compagno può essere personale, solo l'amico. L'ideologo, il capo carismatico tratta tutti nello stesso modo, come astrazioni, non come individui unici ed inconfondibili. Il gruppo ha una sostanza sociale omogenea, l'amicizia è sempre disomogenea. È un reticolato a densità variabile e percorso da correnti variabili. Gli amici non sono degli uguali che si trattano in modo uguale, come i monaci. Sono dei pari che si trattano in modo personalizzato.

Il nemico è perciò nemico del gruppo, non degli amici. La trama reticolare degli amici non ha nemici. Io posso avere dei nemici e cercare degli alleati, ma i miei amici non hanno i miei nemici così come non hanno i miei amici. Nel gruppo tutti sono amici tra di loro. Nel gruppo tutti hanno gli stessi nemici. C'è solo un *noi* formato di amici e del suo complemento esterno di nemici. Non è così l'amicizia personale.

L'amicizia è un di più rispetto allo stesso movimento; è un capriccio, una ricerca, un debordare, una bizzarria.

3 La gente che ha fatto parte dello stesso movimento, che ha partecipato del processo di fusione dello stato nascente, anche a distanza di anni, anche quando le idee politiche, le storie di vita sono state diverse, ha una grandissima tendenza a farsi credito, a riconoscersi, ad aiutarsi. Essere un ex conta, riattiva qualcosa di profondo. Riattiva l'istante magico della fusione, l'essere stati dalla stessa parte, fratelli. È un attimo, ma sufficiente a dare fiducia, a far ascoltare. Quel tale ha un titolo di credito in più degli altri. Eppure non so nulla di lui, assolutamente nulla. È, per un istante ancora, il «bravissimo compagno» del movimento, quando tutti erano «bravissimi compagni», nel momento straordinario delle origini, quando il regno di Dio sembrava vicino. Abbiamo l'impressione che quel tratto di vita in comune, quell'esperienza cruciale, assolutamente unica, ci

renda, in qualche modo, profondamente simili. Che lui, che pure è uno sconosciuto, debba essere, nel profondo, fatto della nostra stessa sostanza, condivida i nostri valori essenziali. Come un patto di sangue, come una professione di fede indelebile. Nella teologia cattolica questa esperienza è simbolizzata con il concetto che gli ordini sono indelebili. Uno che è stato ordinato sacerdote può essere ridotto allo stato laicale, ma resta sacerdote per sempre, perché quel carattere non può essere cancellato. Chi ha partecipato a uno stato nascente riceve un marchio indelebile, o si suppone che lo riceva.

Anche questa esperienza non deve essere confusa con l'amicizia. Può essere la pre-condizione di una vera amicizia personale. Oppure restare così, pura rimembranza, nostalgia. È felice chi riesce ad incanalare l'energia e la speranza del passato in una amicizia personale. Ma è molto, molto difficile. Richiede, in realtà, un ricominciare daccapo. La continuità è solo apparente.

4 Vi è un altro tipo di solidarietà che, spesso, viene identificato con l'amicizia. È il tipo di unione, di fiducia reciproca che deriva da una esperienza di vita in comune. L'aver condiviso gioie e dolori, frustrazioni e pericoli. L'essere stati insieme davanti alla morte. Aver combattuto contro un comune nemico. Questa forza è massima quando la gente sente di essere sottoposta ad un comune destino. Come i soldati in guerra, in trincea, costretti ad una intimità totale. Oppure i prigionieri di un campo di concentramento. «Qualcosa di fondamentale, qualcosa che ancora non capivo, ci aveva resi amici intimi,» scrive Helen Epstein, «qualcosa che passava sopra alle differenze di carattere, religiosità, stile di vita, ambizioni e preferenze personali.»[4] In questi casi sono le circostanze esterne che strin-

4 Helen Epstein, *Figli dell'olocausto*, Giuntina, Firenze 1982, pag. 34.

gono insieme, che riducono le barriere fra le persone. Il periodo della nostra vita in cui la nostra individualità è stata quasi fusa con quella degli altri stabilisce fra noi e loro un vincolo. Alcuni ritengono che sia proprio questo elemento condiviso, non esclusivamente individuale, la più solida base dell'amicizia. Per esaminare criticamente questa concezione, lasceremo da parte gli esempi remoti della guerra. Nel mondo contemporaneo hanno una importanza particolare la scuola, l'appartenenza ad un gruppo etnico-religioso, ad un partito politico. Pensando alla scuola, non dobbiamo immaginare la scuola elementare che poi la gente lascia per andare in un'altra città, ma le scuole che sono state costituite apposta per cementare una classe dirigente. Eton, l'Università di Harvard, il MIT, le grandi scuole della pubblica amministrazione francese, l'Università Cattolica di Milano, l'Università Karl Marx di Mosca. Qui la vita in comune è anche cemento ideologico, separazione fra sé e gli altri, consapevolezza di un comune destino, di una elezione, di una missione. Gli effetti di queste scuole durano tutta la vita. Sono scuole di élite, e chi le ha frequentate è cooptato in una élite insieme ai suoi compagni di scuola. In seguito si rivolgerà preferibilmente a loro, sceglierà loro perché li conosce, perché si fida, perché gli sono affini, perché li giudica superiori. Certo entrerà in contatto con altre persone, ma la sua stima e la sua preferenza andranno ai compagni di Oxford o di Cambridge. Essi costituiscono oggettivamente una confraternita, un club esclusivo. Questa solidarietà caratterizza anche chi appartiene ad un gruppo politico o etnico con forte organizzazione. I cattolici o i comunisti, in Italia, hanno fra di loro un legame di sensibilità, di reciproca fiducia che li portano a preferire, istintivamente, uno del loro mondo ad uno che non lo è. Gente che è stata insieme nell'organizzazione giovanile Azione Cattolica, nella Fuci, poi nel partito, che ha letto gli stessi libri, che ha avuto le stesse guide spirituali, che si è consultata su problemi importanti, ha una naturale tendenza a cooptarsi al suo interno. Può collaborare con persone di diversa fede o di diversa formazione ma, per le cariche più importanti, per incarichi delicati, si fida solo dei suoi. Senza esitazione sceglie qualcuno all'interno del campo di solidarietà esclusivo in cui è cresciuta e in cui vive. I gruppi etnici possono funzionare nello stesso modo. In tutti i Paesi ci sono circoli di ebrei che hanno condiviso comuni persecuzioni, che partecipano della stessa storia e della stessa cultura, che sono più pronti a capirsi. Quasi tutti gli psicoanalisti che seguirono Freud erano ebrei e furono i non ebrei, per esempio Jung, a staccarsi per primi e a polemizzare col maestro. Ma i gruppi etnici sono importanti dovunque. I giapponesi scelgono di preferenza i giapponesi, gli unici con cui si intendono veramente. Per non parlare di Paesi a base etnica, come molti Stati africani, in cui l'amicizia è, in genere, possibile solo entro l'etnia.

La terza fonte di solidarietà è la militanza in un movimento. Abbiamo visto, nel capitolo precedente, che in questo caso la solidarietà sorge rapidamente, ma dura moltissimo tempo. Un movimento emerge dal mondo per contrapporsi al mondo. I suoi membri si sentono sempre degli eletti, dei salvatori. Essi si riconoscono l'uno con l'altro e si vivono come fratelli. I movimenti possono anche svanire ed allora la solidarietà scompare. Resta però, fra i partecipanti, la nostalgia del passato. Diventano degli ex. Quando invece il movimento si istituzionalizza, diventa una chiesa, un ordine, una setta, allora i legami vengono rafforzati, ribaditi. Due esempi recenti di questo processo li abbiamo, in Italia, con Comunione e Liberazione e, in Spagna, con l'Opus Dei. Entrambi ripetono lo schema degli ordini che hanno sempre rivitalizzato la chiesa cattolica. Nascono come movimento, ma non rompono con la chiesa. Ne diventano una forza trainante. La loro carica di entusiasmo, lo spirito di corpo, la disciplina, l'aiuto reciproco consente ad alcuni di loro di conquistare posizioni di potere straordinario nella chiesa. In Italia, Comunione e Liberazione ha egemonizzato molte importanti organizzazioni del laicato cattolico. Anche in queste organizzazioni noi troviamo a tutti i livelli dei gruppi di amici. Una militanza totale di questo genere lascia poco spazio per altre avventure spirituali.

Il servizio militare produce degli ex soltanto quando, finita la guerra, la gente va a casa. Ma nei Paesi con una tradizione militare e militaristica — pensiamo all'URSS o a Israele — l'esperienza della guerra non si spegne. In Israele il potere di Moshe Dayan e di Sharon derivava dall'appoggio degli ex combattenti. Un militare si fida solo di un ex commilitone. Al di fuori ha diffidenza e sospetto.

Eppure questi tipi di solidarietà sono solo la precondizione dell'amicizia. Anche all'interno di un campo di solidarietà l'amicizia compie le sue scelte. L'amicizia è elezione. Nelle situazioni in cui sono le circostanze esterne a stringere gli uomini l'uno contro l'altro, l'amicizia è addirittura una forza attraverso cui gli individui si liberano, in qualche misura, di queste costrizioni. L'amicizia tende a sfuggire a tutto ciò che viene imposto, a ciò che è dato. La gente che vive in collegio o fa il servizio militare riesce, proprio grazie all'amicizia, a sottrarsi alla forza spersonalizzante delle istituzioni; riesce a non farsi coinvolgere in profondità. Gli amici si sottraggono alla promiscuità del gruppo. Fisicamente sono presenti, in balìa delle potenze alienanti. Ma, spiritualmente, riescono a isolarsi. Loro due, o loro tre, costituiscono una società, un cosmo ordinato, in cui la vita ritorna civile. È il *locus hominis* in contrapposizione alla massa, all'inorganico. Finito il periodo di convivenza forzata, perciò, essi possono anche dimenticare ciò che hanno subìto, perché lo considerano un puro fatto, privo di valore. Ricordano, invece, ciò che hanno vissuto insieme perché questo ha la dignità per essere ricordato.

Non è quindi ciò che la gente ha subìto insieme ciò che accomuna. Non interessa avere con qualcun altro un pezzo di vita in comune se questa vita è stata passiva, vuota, insignificante. È la qualità della vita che conta, è la direzione dell'incontro. Anche nelle esperienze più alienanti, in prigione, al fronte, nel campo di concentramento, l'amicizia sorge sempre e soltanto dall'incontro. Nelle grandi scuole, nelle élites esclusive, si forma certo una forte solidarietà, una istintiva familiarità, una reciproca stima. Però, anche in questi casi, l'amicizia si costituisce solo fra pochi e questi si separano dal resto. Essi fanno gruppo a sé, società a parte, e questo è spesso in conflitto con le esigenze degli altri, con ciò che si ripromettevano i superiori, con gli scopi stessi dell'istituzione. La chiesa cattolica, in cui i sacerdoti venivano allevati in appositi istituti, chiamati seminari, ha sempre diffidato dell'amicizia. E non tanto, come molti credono, per le sue possibili conseguenze omosessuali. Ma perché gli amici sono meno sottoposti alla autorità, meno passivi di fronte alla pressione ideologica. «Ogni autentica amicizia,» scrive Lewis, «è una specie di ribellione... È molto meno facile governare e controllare uomini che hanno dei veri amici: è più difficile, per le buone autorità, correggerli, e per le cattive autorità, corromperli.»[5]

5 Ogni amicizia, perciò, nasce sempre dalla collettività *ma contro la collettività*, da un campo di solidarietà, ma contro quel campo di solidarietà. D'altra parte, però, questa stessa amicizia, nata così, può diventare, a sua volta, campo di solidarietà, gruppo, ed allora solo un altro legame personale, in opposizione ad essa, può spezzarne il gioco. Vi è, cioè, fra amicizia personale e gruppo, un rapporto dialettico. L'amicizia nasce come relazione interpersonale, fra individualità contrapposte al gruppo, ma può trasformarsi anch'essa, gradualmente, in gruppo. Gli amici che, all'interno della collettività, si isolano per restare loro stessi, a poco a poco diventano una piccola comunità chiusa, con proprie

5 Vedi C.S. Lewis, *I quattro amori*, cit., pag. 104.

regole, un proprio linguaggio. Il passaggio dall'amicizia individuale, dall'elezione individuale al gruppo, soprattutto nell'infanzia e nell'adolescenza, è spesso insensibile. La transizione è rappresentata dai due amici «inseparabili»; amici che stanno sempre insieme, che si confidano tutto, che non possono stare lontani pochi minuti. I genitori scherzosamente domandano, in questi casi, dove il ragazzo ha lasciato il «fidanzato». A volte, però, gli inseparabili sono non due, ma tre. Nel libro di Alain-Fournier, *Il grande Meaulnes*, Francesco ed Agostino (il grande Meaulnes) sono inseparabili, al punto che gli altri ragazzi si sentono trascurati e li aggrediscono. Poi, però, fa la comparsa lo zingaro misterioso e, così, si forma il gruppo di tre. Con lo stesso meccanismo si possono aggregare quattro, cinque amici, che costituiscono un vero e proprio gruppo. Vi è allora continuità fra il reticolo amicale ed il gruppo così costituito? Nonostante le apparenze non vi è continuità. In un primo tempo, la struttura resta reticolare. Gli amici sono legati fra di loro come singoli individui e la solidarietà di gruppo, il noi, pur esistendo, è secondaria. Ma poi, attraverso tanti passaggi infinitesimi, viene un momento in cui si raggiunge e si supera una soglia. Il gruppo emerge allora come una realtà a sé stante, come un oggetto d'amore che trascende i singoli oggetti individuali d'amore, cioè gli amici. Prima il gruppo non aveva importanza, esistevano solo gli amici. Il gruppo era solo l'occasionale riunione degli amici. Ma, oltre la soglia di cui abbiamo parlato, il gruppo acquista una sua vita autonoma, un suo diritto all'esistenza e richiede che gli vengano sacrificati i diritti degli individui. Nel libro *I ragazzi della via Paal* di Ferenc Molnár, l'amicizia interindividuale lascia il posto ad una solidarietà di gruppo che richiede, ad un certo punto, il sacrificio dell'individuo. Solo la morte del piccolo Nemecsek disintegra questa solidarietà perché ha richiesto un prezzo troppo alto. Si ristabilisce così il primato dell'individuo.

Gli amici, aggregandosi, spesso hanno l'impressione di

dar luogo ad una comunità di eletti. Di essere, cioè, i migliori, i più forti, i più intelligenti. È il *noi* del gruppo che produce questa impressione di eccellenza e di potenza, questa ipertrofia dell'io. Un passo più in là ed abbiamo la banda o il club, formazioni in cui sono ammessi anche altri membri, ma su un piano leggermente inferiore. Il gruppo degli amici diventa allora una specie di classe dominante che garantisce la solidarietà e la guida dell'insieme più allargato.

Ma, si può obiettare, anche due amici dicono, di se stessi, *noi*, anche fra di loro esiste una solidarietà, ed entrambi si contrappongono, uniti, agli altri, al mondo esterno. In che cosa allora la solidarietà amicale differisce da quella del gruppo? Per il fatto che il gruppo, il *noi*, non acquista mai un valore superiore a quello degli individui suoi membri, non ha mai una dignità ontologica superiore ad essi. Il gruppo esiste per gli individui, non gli individui per il gruppo. È questo il rovesciamento, ad un tempo infinitesimo ed infinito, che trasforma la rete amicale in gruppo. Il *noi*, da quel momento, acquista uno statuto più elevato, diventa un fine. Gli individui, anziché identificarsi l'uno con l'altro, si identificano con la collettività. Allora, anche se tutto sembra restare lo stesso, in realtà tutto è cambiato.

CAPITOLO DECIMO

1 Perché con gli amici non ci si annoia? Perché la vera amicizia è sempre avventura, esplorazione dei misteri della vita, ricerca. È così che nasce l'amicizia nell'infanzia e nell'adolescenza. Due bambini diventano amici inventando nuovi giochi, liberando la fantasia, andando ad esplorare il grande e misterioso mondo che li circonda. I libri di Mark Twain: *Le avventure di Tom Sawyer* e *Huckleberry Finn*, ci mostrano questo aspetto vitale, creativo, avventuroso, dell'amicizia infantile. Il compagno di giochi, a questa età, non è il sonnolento amico delle serate oziose. È un essere proteso sul mondo, vibrante, capace di evocazione. Ciascuno ha bisogno dell'altro per dar corpo, per mettere in scena un mondo immaginario da cui esplorare, poi, il mondo reale. Non c'è nessuna conoscenza del mondo che non parta dalla fantasia. Nel momento in cui questa si spegne, in cui cessa la creazione dell'immaginario, scompare anche la curiosità, ed è finito il sapere. Questo è vero in ogni età della vita. È però nell'infanzia e nell'adolescenza che si vede più chiaramente all'opera questo meccanismo del conoscere.

Rispetto all'infanzia, nell'adolescenza diminuiscono le fantasie di avventure nel mondo, ma diventa più profondo l'interesse per la vita psichica, per il mondo sociale, per la storia. Tutti gli adolescenti devono scegliere, ormai, in una gamma più ristretta di possibilità, che rapporto stabilire con gli altri. Tutti sono, in qualche misura, degli psicologi che scandagliano la loro psiche e quella degli altri per comprenderne le leggi. In questa ricerca della propria identità e, quindi, delle differenze con gli altri, la persona più prossima, quella più studiata, è l'amico. Colui che è più vicino a te e che, quindi, puoi studiare come un te stesso visto dall'esterno. L'amico adolescenziale perciò non è l'identico, è il simile e, nello stesso tempo, il diverso, l'estremamente diverso. È chi ci apre una prospettiva differente sul mondo, chi ha visto ciò che noi non abbiamo visto, chi ha esplorato per noi, e continua ad esplorare per noi, regioni nuove dell'esperienza.

Tutti gli adolescenti sono, in qualche misura, anche dei filosofi, perché si pongono le domande cruciali: perché le cose sono in questo modo e non in un altro totalmente differente? Perché io sono qui e che cosa ci sono venuto a fare? Dove vado e dove devo andare? Sono le domande della coscienza che si risveglia, stupefatta di sé e del mondo, stupefatta e affascinata. Che sente una seduzione in ogni cosa che può diventare, e una perdita in tutto ciò a cui rinuncia. L'amicizia ha a che fare con queste domande. Il rapporto con l'amico indica le possibilità ed i limiti della persona. L'amicizia è identificazione e differenziazione. Nel libro *Narciso e Boccadoro*, Herman Hesse ci presenta due amici totalmente dissimili. Narciso è uno scienziato e un asceta. Boccadoro è un artista sensuale. Ma non sa di esserlo, perché ha rimosso la sua infanzia e l'amore per sua madre. L'amico Narciso lo spinge a cercare dentro di sé, fino a trovare la sua vera natura. Quando l'ha scoperta, Boccadoro se ne va dal convento, lontano da Narciso, che pure ama, per scegliere il suo destino.

L'incontro fra gli amici è sempre scoperta della propria diversità, della propria unicità e, quindi, della propria solitudine, del proprio rischio individuale. Certo l'amicizia è anche rassicurante, perché l'amico sta con te. Insieme gli amici fanno le cose più pericolose. Le due ragazze che desiderano andare al ballo non hanno il coraggio di andare da sole. Unite si sentono più forti, più sicure, meno vulnerabili. Però, anche se vanno insieme, non è per stare insieme. A ballare saranno ciascuna per proprio conto, con un uomo diverso. Ciascuna farà un piccolo passo sulla strada della sua individuazione. In seguito si confideranno le cose d'amore, metteranno in comune le loro esperienze, fatte però con persone diverse, cercando le loro diverse strade di vita. L'amicizia rassicura e differenzia. Più due amici si incontrano e più sono costretti anche a camminare soli. Come due cacciatori o due guerrieri, che si aiutano l'un l'altro, ma devono poi battere piste diverse, affrontare nemici individuali.

Su questo punto la descrizione dell'amicizia che viene comunemente fatta è falsa. Gli stereotipi insistono sull'amicizia come protezione, come abitudine, come chiusura. Certo, questo può verificarsi. Anche nell'adolescenza il gruppo di amici, nato per esplorare il mondo e il suo mistero, talvolta si chiude su se stesso per difendersi dalle sfide del mondo. Ma, in questo caso, si può continuare a parlare di amicizia personale? La struttura reticolare dell'amicizia si è persa. Non ci sono più incontri. Il gruppo di «amiconi» è diventato una collettività compatta, che esercita un controllo totale sui suoi membri, come un villaggio, come una tribù. Esclude le esperienze che possono sedurre il singolo e cambiarlo. Esclude altre amicizie al di fuori della collettività. È un nucleo totalitario, geloso, punitivo. Questa collettività teme, soprattutto, la sfida di una nuova collettività nascente: ha paura dell'innamoramento che la incrinerebbe. Il gruppo di «amiconi», è, perciò, la negazione più totale dell'amicizia creativa. Esso cerca di prolungare la sua esistenza schiacciando gli individui che gli si ribellano. Alla fine si dissolve per il tradimento dei suoi membri. Ad uno ad uno costoro se ne vanno, di soppiatto. O perché si sposano, o perché trovano un lavoro, o perché cambiano città o, semplicemente, perché sentono il bisogno di riacquistare un po' della loro individualità.

L'idea che l'amicizia sia una abitudine, che la sua essenza vada trovata nell'incontro al bar, al biliardo o al flipper, è molto diffusa. C'è anche gente che identifica l'amicizia con le riunioni mondane, o col ritrovarsi a chiacchierare dopo cena. Tutte cose che possono avere significati diversissimi. Quando però c'è noia, non c'è amicizia. Quando c'è ripetizione, monotonia, non c'è amicizia. Gli amici, l'abbiamo visto, non si annoiano. Se si annoiano, allora vuol dire che non sono amici, oppure che è intervenuto qualcun altro a disturbare il loro incontro. Molte riunioni mondane, al bar, nel salotto di una signora, o ad un Country Club, non hanno alcun diritto di essere chiamate riunioni di amici. Il party non è una riunione di amici. È una mescolanza di amici, conoscenti, persone occasionali. I suoi scopi sono molteplici: far passare il tempo, conoscere gente nuova, fare affari, mettersi in luce, cercare una avventura erotica, e mille altre cose. Gli amici, in queste riunioni, hanno poco da dirsi, perché sono separati, perché devono adeguarsi ai rituali sociali. Spontaneamente tenderebbero ad appartarsi, a chiacchierare fra di loro.

2 Abbiamo detto che la vera amicizia è avventura, esplorazione, ricerca, ed abbiamo portato ad esempio l'amicizia infantile ed adolescenziale. Ma non è un errore? L'amicizia infantile e quella adolescenziale non sono diverse, assolutamente diverse da quella adulta? Molti fatti deporrebbero a favore di questa tesi. Per esempio i compagni di giochi si incapricciano l'uno dell'altro rapidamente, vivono un interesse ossessivo che dura giorni o settimane e poi, improvvisamente, si dimenticano di tutto. I sentimenti adulti, sia di amore che di amicizia, sono incredibilmente più stabili. L'innamoramento adulto non ha nulla a che fare con le rapidissime e brucianti «cotte» infantili, infatuazioni passeggere che l'adulto sperimenta sul registro dell'erotismo, non dell'amore.

Per quanto riguarda l'amicizia, vediamo che i bambini bisticciano con i loro amici, tengono il broncio, sono gelosi, poi si riappacificano. Nulla di simile nell'amicizia adulta, che non ammette questo tipo di capricci. A volte gli adolescenti hanno, nei riguardi dei loro amici, atteggiamenti che noi consideriamo tipici degli innamorati: l'attaccamento esclusivo, la gelosia. Nell'adolescenza non c'è la netta distinzione fra innamoramento, affetto, amore fraterno e amore amicale che esiste nell'età adulta. A volte si trovano delle persone che prolungano, nella loro vita adulta, queste modalità infantili ed adolescenziali di rapporto con gli amici. Hanno infatuazioni passeggere, sopravvalutano la persona da poco conosciuta. Sono possessive nei riguardi degli amici, gelose della loro confidenza. Un sintomo inequivocabile di questa fissazione infantile ed adolescenziale è l'invadenza, la mancanza di rispetto, di discrezione.

È vero, perciò, che l'amicizia infantile e quella adolescenziale sono meno distinte da altre forme di affetto e di amore. Ciò non significa, però, che non si possa distinguere, già in queste età, ciò che è tipico dell'amicizia e che, già in questa età, non viene confuso con altre relazioni. Torniamo all'esempio di *Narciso e Boccadoro*. Il primo incontro dei due amici avrebbe potuto benissimo essere il preludio ad un innamoramento omosessuale. Che si tratti di amicizia lo si comprende però chiaramente quando Narciso dice all'amico: «Non è il nostro compito quello di avvicinarci... la nostra meta non è di trasformarci l'uno nell'altro, ma di conoscerci l'un l'altro e di imparare a vedere e a rispettare nell'altro ciò che egli è: il nostro opposto e il nostro complemento.»[1] Questo discorso è tipico dell'amicizia. A qualunque età venga fatto, a cinque anni o a cinquanta.

I caratteri essenziali dell'amicizia si possono identificare facilmente anche in opere tipiche per l'infanzia. Per esempio nel film di Spielberg: *E.T.* Questo film tratta dell'amicizia fra un bambino, Eliot, e un piccolo extraterrestre rimasto sulla terra. L'amicizia fra due esseri così diversi è già un

1 Herman Hesse, *Narciso e Boccadoro*, Mondadori, Milano 1982, pag. 99.

segno tipico di questo sentimento. Il piccolo Eliot è incantato dall'amico extraterrestre che possiede poteri straordinari. Osserva Pier Aldo Rovatti: «Il bambino si identifica con E.T. per sfuggire al mondo degli adulti, per aprirsi una strada diversa che non sia già tutta segnata. Attraverso l'extraterrestre il bambino tenta, come ha fatto sempre, di deviare rispetto al paesaggio quotidiano della famiglia e della scuola.» A questo punto, però, Rovatti curiosamente aggiunge: «Perciò la molla non è l'amicizia.»[2] Conclusione totalmente sbagliata, perché è proprio questa l'amicizia, proprio questo deviare rispetto al paesaggio quotidiano. Ricordiamo, in *Le avventure di Tom Sawyer*, la presentazione di Huckleberry Finn: «Quel giorno Tom si imbatté nel paria dei ragazzi del paese, Huckleberry Finn, il figlio dell'ubriacone. Huck era cordialmente detestato e temuto dalle mamme nella sua qualità di fannullone, ribelle a tutte le leggi divine ed umane, screanzato e cattivo; e per tali sue qualità ammirato da tutti i coetanei... Non ubbidiva a nessuno. Andava a pescare e a nuotare quando e dove e fino all'ora che voleva. Non c'era nessuno che gli proibisse di litigare con gli altri ragazzi o che, a una cert'ora, lo mandasse a dormire... Non era obbligato a lavarsi, a indossare roba pulita. Sapeva bestemmiare e dire parolacce in modo meraviglioso. Non gli mancava nulla, insomma, di tutto ciò che rende bella la vita. Così pareva, almeno a tutti i ragazzi sorvegliati, curati, scocciati dai loro genitori e congiunti. Huckleberry Finn era il ribelle interessante, la figura romantica.»[3]

Per il bambino, perciò, l'extraterrestre è il compagno fantastico con cui si ribella alla vita quotidiana ed esplora le frontiere del possibile. Ma che cosa è il bambino terrestre per E.T.? E.T. è solo, indifeso, ha paura. Ha perso i genito-

2 Pier Aldo Rovatti, *Che tenerezza quegli occhi a palla*, in «La Repubblica», 3 febbraio 1983.
3 Mark Twain, *Le avventure di Tom Sawyer*, Mursia, Milano 1982, pag. 48.

ri e vuole ritrovarli. Vuole loro, vuole la sua casa. Sceglie come amico Eliot perché non si spaventa del suo aspetto. Non inorridisce, non lo rifiuta. Eliot vede subito che l'extraterrestre è, in realtà, un altro bambino come lui. Lo vede al di là delle apparenze mostruose; ne intuisce l'essenza e il bisogno. Anche questo è tipico dell'amicizia. Per E.T., allora, il bambino è un mezzo per trovare i suoi genitori e la sua casa. Eppure E.T. ama Eliot al punto che sceglie la morte per non fargli del male. La scena dell'ospedale ha tutta la violenza e la drammaticità delle grandi amicizie classiche in cui gli amici offrono di morire l'uno per l'altro, come Damone e Finzia, come Oreste e Pilade. Sarebbe però un grossolano errore confondere questi sentimenti con l'innamoramento. Gli innamorati vogliono stare insieme. E.T. è in esilio, vuole andarsene. Eliot è il compagno del suo viaggio di ritorno. Attraverso Eliot l'extraterrestre ritorna alla sua vera patria che non è la casa di Eliot, è il cielo.

Nel film il rapporto emotivo fra i due amici è intensissimo, straziante, per identificazione e per perdita. Eppure E.T. se ne va. Gli amici terrestri lo accompagnano all'astronave. L'amicizia consente di andarsene. Se fossero stati due innamorati E.T. sarebbe rimasto, o Eliot sarebbe andato con lui, o si sarebbero uccisi. L'innamorato deve restare con l'amato. Invece l'amicizia è servizio. Gli amici lo aiutano a partire, ad andare dove è la sua patria, a realizzare ciò che il suo amore chiede. Questo non è tipico dell'amicizia infantile o adolescenziale, è dell'amicizia tout court.

L'amico, perciò, è sempre un extraterrestre che ci consente di deviare dal percorso quotidiano, alla scoperta di un altrove altrimenti inaccessibile. L'amico è sempre colui che ci capisce, al di là delle apparenze, e ci rende giustizia. L'amico, infine, è sempre colui che ci aiuta ad andare, anche a costo di perderci, dove il nostro destino ci chiama.

3 C'è gente che si incontra, la sera, anno dopo anno, per fare quattro chiacchiere. Talvolta sono coetanei, compagni di scuola. Hanno ben poco da dirsi. Gli argomenti sono quasi sempre gli stessi. Ripetono le stesse battute, fanno le stesse osservazioni. Anche quando i partecipanti, presi singolarmente, sono intelligenti e vivaci, non appena entrano nella «compagnia» si appiattiscono completamente. La compagnia assorbe ogni interesse, banalizza ogni rapporto. Impone a tutti un minimo comun denominatore linguistico che impedisce di dire cose nuove. La conversazione, costruita su infinite ripetizioni, non può più uscire da se stessa. Non sono più possibili incontri. Non si possono più comunicare, e quindi provare, nuovi sentimenti. Non si possono più concepire nuove idee. Il reale coincide con l'esistente e questo con il ripetuto. La «compagnia» illustra, in modo emblematico, l'istupidimento e la degradazione dell'individuo ad opera del gruppo, quando il gruppo non ha un ideale, un fine, una ideologia, nulla. La compagnia amicale è un gruppo tradizionalista senza altro scopo che la propria sopravvivenza.

Spesso essa costituisce la rinascita del gruppo di amiconi dell'adolescenza. Avevamo visto che questo gruppo si rompe quando i singoli si innamorano, si sposano, se ne vanno. Coloro che vivono nelle grandi città non ricostruiscono più, in genere, formazioni sociali di questo tipo. La grande città è anonima. I vicini hanno pochi rapporti fra di loro. Gli amici abitano in luoghi diversi e, per incontrarsi, devono programmare l'incontro. Nei piccoli paesi o nelle piccole città, invece, dopo una fase di separazione e di individualizzazione, gli ex compagni di scuola si ritrovano. Nel gruppo entrano le mogli e i mariti, qualche altro familiare, i figli. Dopo un certo tempo la collettività si ristruttura come società chiusa.

Moltissima gente, quando pensa agli amici, ha in mente questo tipo di formazione sociale. Si comprende, perciò, perché consideri l'amicizia poco stimolante, e perché abbia spesso delle delusioni. In queste compagnie, infatti, finisce per esserci dentro un po' di tutto. Vi sono alcune relazioni amicali vere, anche se avvilite e inibite dalla collettività. Vi sono poi molte relazioni amichevoli poco profonde o poco sincere, fondate più sull'abitudine che su veri interessi. Vi sono, infine, delle relazioni di pura convenienza o delle relazioni ostili mascherate di amichevolezza. La collettività stringe insieme tutti questi diversi rapporti ed impone ad essi un codice amicale comune, li rende artificiosamente uguali. In questo modo nasconde le indifferenze, le tensioni, le invidie, le ipocrisie, l'antagonismo. L'importante è che siano rispettate le regole di comportamento, i rituali, e questi impongono che tutti si considerino amici e si trattino come amici. La compagnia amicale assomiglia ad un club. Si potrebbe anche dire che la sua struttura è quella di un party, ma congelato, imbalsamato, diventato permanente. È in questo mondo di socievolezza che prosperano le forme di ipocrisia amicale. Abbracci, baci, ma anche false confidenze, invidia, malignità.

Perché si confondono queste cose con l'amicizia? Perché, quando si parla di amicizia, si evoca per prima cosa l'ottusa socievolezza del gruppo? Perché viene in mente la compagnia, gli amiconi, il club, la noia? Perché non viene in mente la ricerca, l'avventura, come nell'infanzia, come nell'adolescenza? Siamo ancora una volta di fronte al processo di rimozione che le strutture sociali, le istituzioni consolidate, compiono nei riguardi di ciò che è vivo, irrequieto, di ciò che cerca il nuovo ed il diverso. L'amicizia come ricerca inquieta è disturbante. La mentalità quotidiana, perciò, attribuisce questo tipo di amicizia all'infanzia. Dopo, invece, non ci sarebbe più posto per queste cose. Dall'amicizia adulta ci si aspetta che sia posata, seria, prevedibile, noiosa, come appunto quella degli amiconi, o quella del club. Invece non è vero. L'amicizia resta sempre se stessa, come la collettività resta se stessa. Nell'infanzia i doveri comunitari si manifestano attraverso la scuola, nel mettere la canottiera, nel non bagnarsi, nel tornare presto a casa la sera, in tutti gli infiniti obblighi a cui l'individuo è sottoposto nel processo di robotizzazione che è sempre stato l'ideale collettivo. Ma fra individuo e collettività c'è tensione. L'amicizia è dalla parte dell'individuo contro la collettività. Naturalmente la collettività prevale sempre, assorbe dentro di sé l'amicizia individuale, ne fa una molecola di qualche altra cosa. Ma la tensione è ineliminabile, ricompare. L'amicizia è questo ricomparire della tensione, cioè della individualità e della sua esigenza di spontaneità e di autenticità.

CAPITOLO UNDICESIMO

1 L'amico resta, nel profondo, il compagno di caccia e di guerra, colui che sta al nostro fianco nell'attività di esplorazione e di conquista del mondo. L'amico non è colui che ci dà, che ci nutre, che ci accoglie. L'amico non è la nostra fonte di sussistenza, non è il nostro benefattore. È piuttosto il nostro complice, colui che ci aiuta a prendere. Durante l'infanzia sono i genitori che ci nutrono e si curano di noi. In seguito impariamo a sopravvivere per conto nostro. Impariamo a manipolare il mondo e gli altri esseri umani in modo da ottenere ciò che ci serve. L'amico è colui con cui impariamo a sfruttare le risorse, a manipolare il mondo. L'amico è sempre il portatore di una attività e noi ci incontriamo con lui solo se siamo portatori di una attività. L'incontro — abbiamo detto — è fare un pezzo di strada insieme. Entrambi, perciò, dobbiamo essere in movimento.

I momenti in cui ci facciamo dei nuovi amici sono quelli in cui siamo costretti a cambiare, a riprogettare ciò che facciamo e ciò che siamo. Questo avviene numerose volte nella vita. Noi, infatti, perdiamo la nostra identità e dobbiamo riconquistarla. La nostra identità è sempre una identità sociale. Noi siamo ciò che siamo in rapporto al mondo, al modo in cui veniamo definiti e ci definiamo. Col passare degli anni cambiamo, gli altri si aspettano da noi cose diverse e, così, ci costringono a mutare. Ma è soprattutto la società nel suo complesso che cambia. Nel giro di pochi anni mutano i modi di pensare, i valori dominanti. Non sono solo le soluzioni che cambiano, ma i problemi. Si modificano le parole, i linguaggi. Chi continua a parlare nello stesso modo diventa incomprensibile o ridicolo. L'impressione di stabilità deriva dal fatto che tutti, più o meno, si adattano a questa trasformazione e riescono a conservare la propria identità.

Chi può conservare il proprio status, la propria posizione senza una continua attività, una continua lotta? Per molti ciò che è sempre in discussione è la fama, per altri il semplice mangiare, per altri il trono. Ciò che noi siamo, lo stare, l'essere, è il risultato di un correre, di un competere, di un incessante fare. L'animale deve passare la maggior parte del suo tempo alla ricerca del cibo. È per questo che volano gli uccelli. Se avessero cibo non volerebbero. I cigni ben nutriti sono animali pigri, apatici. L'animale naturale è ombroso, scattante, magro, con muscoli pronti. Il falco deve volare altissimo in lente volute e poi gettarsi in picchiata. La rondine deve saettare per il cielo. Tutti sono impegnati in una ricerca del cibo. Nelle condizioni naturali devono, inoltre, evitare di venir mangiati. Praticamente tutti gli animali sono cibo per qualcun altro. Anche il leone o l'elefante vengono morsi dai tafani e dalle formiche. C'è poi la sessualità che richiede di scontrarsi con il maschio della stessa specie. Anche il territorio non esiste di per sé, è il prodotto di una azione. Deve essere pattugliato e difeso dall'ingresso di estranei.[1] Quando l'animale è protetto da tutti questi problemi, allora sonnecchia.

Non c'è, nella vita, un'unica età evolutiva. Tutta la vita è un processo evolutivo. Non c'è nemmeno un individuo che si deve adattare, una volta per tutte, ad una società. Ciascuno di noi, nella sua vita, incontra, successivamente, diverse società. Come se si dovesse recare, ogni volta, in un

1 Sul significato dell'aggressività, vedi Konrad Lorenz, *Il cosiddetto male*, Il Saggiatore, Milano 1969.

paese straniero e dovesse ricominciare tutto da capo, come un emigrante.

Naturalmente una esperienza di questo genere non la proviamo ogni giorno. Vi sono dei periodi in cui ci identifichiamo con un compito, con un ruolo. Allora sappiamo chi siamo e che cosa vogliamo. Ma viene poi il momento in cui qualcosa ci appare stonato. In genere proviamo un senso crescente di noia, come se le cose che facciamo ci fossero troppo familiari. Ma è una illusione di prospettiva. Siamo noi che stiamo perdendo i contatti con la più grande società, che ci rifugiamo nel nostro intorno immediato, dove le cose restano immobili. La noia è il sintomo del deterioramento del nostro rapporto con il mondo e, quindi, con noi stessi. La noia scompare solo ritornando nel mondo, cioè accettandone la sfida. Cercando, cioè, la nostra nuova identità.

Periodicamente, nel corso della vita, noi dobbiamo, perciò, gettare via una parte di noi stessi, abbandonare una parte della società che ci è familiare. Dobbiamo perderci per ritrovare la strada. Dobbiamo tornare ad essere dei viandanti che arrivano in un territorio sconosciuto. Dobbiamo riconquistare un posto nella società come se questa ci fosse straniera.

2 È in questi periodi di trasformazione che noi incontriamo gli amici. L'incontro con l'amico è soltanto un aspetto dell'incontro con il mondo. Nei periodi in cui perdiamo il contatto con la società e ci alieniamo a noi stessi, diradiamo i nostri rapporti interpersonali. Tendiamo a restare fra gente nota, anche a costo di annoiarci. Anche con i nostri amici più intimi abbiamo poco da dire. L'amicizia, abbiamo detto, è una struttura reticolare. In questi periodi è come se il reticolo si restringesse e, soprattutto, fosse percorso da energie più deboli.

Anche la ricerca di noi stessi segue la legge generale di

tutte le intraprese. C'è, dapprima, una fase di ricerca, per tentativi ed errori. Noi incominciamo ad agire prima in una direzione e poi in un'altra. È una attività esplorativa, di sondaggio, in cui accumuliamo errori e delusioni. Solo dopo un certo tempo incominciamo ad intravvedere quale può essere la nostra strada. Finché non possiamo fare un vero e proprio piano di azione e concentrare tutte le energie in quella direzione. In quest'ultima fase noi possiamo dire che stiamo progettando noi stessi. Infatti scegliamo ciò che vogliamo essere a partire dai nostri desideri, dalle nostre aspirazioni, dalle nostre reali capacità, dalle risorse che possiamo utilizzare. C'è, perciò, sempre scelta: la volontà di essere in quel modo e non in un altro. E una azione: l'intervento sulla società per realizzare il nostro disegno. Ogni fase di ricerca e di definizione della nostra identità è perciò anche una impresa, un confronto, una lotta. Il nostro orientamento mentale deve allora essere pragmatico, utilitaristico. Non possiamo perderci in fantasticherie, in debolezze. In queste circostanze noi abbiamo la tendenza a considerare amici tutti coloro che ci trattano bene, tutti coloro che ci aiutano a superare le barriere che troviamo davanti a noi. Quando siamo in un paese straniero, in cui ci sentiamo esclusi, siamo disposti ad apprezzare anche il minimo cenno di benevolenza. Ma, nello stesso tempo, ad odiare ferocemente chi potrebbe aiutarci e non lo fa, ad invidiare chi, dall'alto dei suoi privilegi, ci nega giustizia. È un momento di forti sentimenti, di tenaci rancori e di immediata riconoscenza.

Le persone che ci aiutano, che ci trattano bene, i nostri *benefattori*, ci sembrano come un avamposto nella società nemica, un'area liberata da cui partire per allargarci ad altre aree. Fino a quando non abbiamo ricostruito la trama sociale amichevole che ci consente di raggiungere i nostri fini con relativa sicurezza. Molte di queste persone noi le sentiamo come amiche. Però, se esaminiamo attentamente i nostri sentimenti, ci accorgiamo che il nostro atteggiamento amichevole nei loro riguardi dipende esclusivamente da ciò che esse fanno, dalla loro benevolenza, dal fatto che ci servono, che ci sono utili. Non appena ci negano qualcosa, subito diventiamo aggressivi, o li mettiamo da parte. Un atteggiamento attivo verso la vita richiede questo orientamento strumentale verso le persone, con ondate di sentimenti mutevoli, in rapporto al successo e all'insuccesso, alla gratificazione e alla frustrazione.

È all'interno di questo groviglio di relazioni e di emozioni che noi abbiamo gli incontri che costituiscono l'amicizia. L'amicizia non è qualcosa che sorge tutt'intera di fianco ed in contrasto con la vita. Sorge nella lotta. Ha bisogno delle ansie, dei pericoli, dell'incertezza, della menzogna, dell'ipocrisia, dei dubbi. L'amicizia è un'isola di eticità in un mondo privo di morale, in cui c'è la guerra di tutti contro tutti. E si manifesta in modo molecolare, per granuli, ora uno qui, ora uno là, come qualcosa in più, come un lusso, che troviamo di quando in quando, ma che potremmo anche non trovare. Perché la vita potrebbe essere anche solo ed esclusivamente lotta, intrigo, manipolazione, seduzione, inganno.

In questi periodi l'amicizia difficilmente ci appare in quelli che abbiamo chiamato i nostri *benefattori*. Costoro sono considerati piuttosto delle risorse da sfruttare. Persone verso cui abbiamo un atteggiamento strumentale, che trattiamo bene perché ne abbiamo bisogno, ma a cui, se ce le negassero, strapperemmo volentieri le cose di mano. All'amico, invece, non abbiamo proprio nulla da strappare. Non solo per una ragione etica, ma anche perché l'amico è colui che ci aiuta a prendere.

Possiamo ora domandarci che rapporto abbiamo, allora, con il *benefattore*. Non può essere solo di sfruttamento. Noi dipendiamo profondamente dai nostri benefattori. Il prototipo del benefattore è la madre. Il sentimento che proviamo verso il benefattore è *la gratitudine*, la riconoscenza. La riconoscenza non è un prodotto della riflessione, non è un risultato del calcolo del vantaggio che ne ricaviamo. È un moto spontaneo dell'animo, uno slancio che ci porta a desiderare di ricambiare ciò che abbiamo ricevuto. Ma non in modo proporzionale. George Simmel[2] osservava che la gratitudine si comprende solo partendo dal concetto di incommensurabile. Il bene che riceviamo ci appare incommensurabile e la riconoscenza stessa è incommensurabile. La cultura giapponese ha dato un grande spazio alla gratitudine, creando complesse regole di restituzione. Qualunque beneficio noi riceviamo, anche una gentilezza, produce un debito nei riguardi di coloro che sono stati benevolenti con noi, un *on* che dobbiamo pagare.[3] Il carattere incommensurabile della gratitudine si riaffaccia però sempre. Nel libro di Yukio Mishima *La voce delle onde*, il ragazzo, Shinji, continua per anni a portare il pesce al guardiano del faro che lo ha aiutato a superare l'esame. Da noi sarebbe considerata una schiavitù intollerabile. L'altro dovrebbe dire no, non lo voglio, ti sei sdebitato. In realtà noi non possiamo mai sdebitarci completamente.

La gratitudine non dipende in alcun modo dalle qualità del benefattore o dai nostri sentimenti nei suoi riguardi. Il benefattore può essere simpatico o antipatico, intelligente o stupido, gentile o scortese, onesto o disonesto. La nostra gratitudine non ne è minimamente influenzata. Noi possiamo addirittura provare rabbia contro qualcuno e, ciononostante, dover ammettere che egli ci ha beneficiato e che gli dobbiamo, perciò, riconoscenza.

Ora comprendiamo meglio perché abbiamo così nettamente distinto l'amico dal benefattore. Nei riguardi dell'amico, inoltre, c'è reciprocità. Perciò non ci sentiamo in debito anche se lui fa molto per noi. O, meglio, nei riguardi dell'amico i debiti ed i crediti sono tali e tanti che si bilanciano e non se ne tiene più, comunque, la contabilità.

2 Kurt H. Wolff, *The Sociology of George Simmel*, The Free Press of Glencoe, Collier-Macmillan, London 1950, pag. 392.

3 Vedi Ruth Benedict, *Il crisantemo e la spada*, Dedalo, Roma 1968.

3 Non si può, allora, dare il caso in cui il benefattore diventa un amico? Certo che si dà. Quando il benefattore non è passivo, non è una risorsa da sfruttare, ma qualcuno che si mette dalla nostra parte per costruire con noi. Quando, in sostanza, anche lui si mette in movimento, all'avventura. Torniamo alla metafora del paese straniero in cui siamo emigrati. Possiamo trovare delle persone che ci trattano umanamente, che ci aiutano ad inserirci nel mondo ostile, che ci invitano ad una loro festa, che ci presentano i loro amici. Questi sono i benefattori. Ma l'amico può essere solo uno che, pur essendo di quel paese, è anche, in qualche modo, uno straniero come noi, nella nostra stessa situazione. Per esempio un ribelle. L'amico è sempre duplice. Da un lato è come noi stessi, la nostra copia. Dall'altro appartiene alla società che ci è ignota. In un paese straniero l'amico è qualcuno che si mette contro il suo paese, almeno in un aspetto, e diventa nostro complice. Non è perciò chi ci ospita bene, secondo le regole della buona creanza, ma chi ci aiuta a scoprire i segreti del paese ostile per soggiogarlo. Naturalmente l'amicizia reciproca è possibile solo se anche noi svolgiamo lo stesso ruolo per lui.

Si incontrano perciò coloro che sono alla ricerca, gli stranieri nella loro stessa patria, gli esclusi, coloro che devono e vogliono combattere per costruire una città. Si incontrano coloro che si completano perché ciascuno è più avanti dell'altro, in quel particolare settore, per quell'aspetto. L'incontro fra gli amici è fondato, perciò, su delle affinità profonde, tanto della personalità quanto della situazione in cui si trovano. È difficile dire delle due cose quale sia più importante. Per spiegare l'incontro è forse più importante la situazione esistenziale in cui si trovano. Per il succedersi degli incontri e, quindi, per il consolidarsi dell'amicizia è più importante la struttura della personalità, il tipo di esperienza di vita globale di cui l'altro è portatore.

La ricerca dell'identità è un viaggio iniziatico. Chi è alla ricerca della sua identità deve perdersi e trovarsi, deve morire e rinascere, scendere agli inferi e ritornare alla luce. Questo viaggio non può essere compiuto in gruppo, è una avventura eminentemente individuale. Ed è rischiosa. La morte-rinascita può essere morte. Dagli inferi si può non tornare. L'eroe, in questo viaggio, deve essere saggio e astuto. Non può fidarsi delle apparenze, deve resistere alle seduzioni, deve ingannare per non essere ingannato. Come Ulisse, come tutti gli eroi del mito. Di qualcuno, però, si deve fidare. Di qualcuno che sta a cavallo delle due realtà, la sua e l'altra, il mondo ostile. Ulisse, durante tutto il terribile viaggio, dialoga con Athena, l'unica che lo protegge. Dante si affida a Virgilio. Anche Achille, nella battaglia contro Ettore, è aiutato da Minerva. Ettore, invece, è sconfitto proprio perché ingannato dalla dea che gli appare sotto forma di Deifobo. L'amico è, perciò, colui che aiuta l'eroe nel viaggio iniziatico: il soccorritore.[4] Talvolta dall'inizio alla fine, altre volte solo nel momento cruciale. A volte va avanti in avanscoperta, a volte si limita a confortare, a consigliare.

4 Rosa Giannetta Trevico, *Note sulla struttura del mito*, IULM, pro manuscripto, Milano 1981.

CAPITOLO DODICESIMO

1 Nella vita umana, oltre all'innamoramento, all'amicizia, e ad altre forme di amore, c'è un'altra dimensione fondamentale: l'erotismo. L'erotismo può presentarsi in modo autonomo, oppure legato alle altre dimensioni. Nell'innamoramento c'è un erotismo straordinario. Gli innamorati passano dei giorni abbracciati, estasiati l'uno dell'altro. Però esiste una forte attrazione erotica anche al di fuori dell'innamoramento. Anzi, considerando le cose da un punto di vista statistico, non è l'innamoramento, ma l'erotismo che domina la vita quotidiana. L'erotismo, non l'amore, si affaccia, in modo più o meno aperto, in tutte le relazioni fra i due sessi. Ogni donna è portata a valutare come possibile oggetto erotico ogni uomo che incontra. Ogni uomo valuta nello stesso modo ogni donna. Vi sono persone che piacciono eroticamente più di altre. Un tempo si usava dire che avevano sex-appeal, una espressione corretta perché indicava la specificità dell'attrazione. Una persona eroticamente interessante può non avere altre qualità o virtù. Non è necessario che sia intelligente, o onesta, o coraggiosa. L'attrazione erotica non ha nulla a che fare con il giudizio morale. Da questo punto di vista si contrappone totalmente all'amicizia, ne costituisce l'antitesi. Eppure anche l'erotismo produce delle forme di unione, fa sì che le persone si cerchino, si desiderino a distanza, vogliano incontrarsi di nuovo, stare insieme. Questo avviene al punto che c'è addirittura chi confonde questa attrazione con l'innamoramento. Un interesse erotico contrastato può diventare parossi-

stico e assomigliare, in tutto e per tutto, all'innamoramento. Se ne differenzia solo perché, una volta soddisfatto, il desiderio parossistico diminuisce. Gli innamorati, più stanno insieme, più vorrebbero starci; più sono uniti, più sentono il bisogno di ridurre ancora di più la loro distanza. L'erotismo, invece, ha la capacità di soddisfarsi. Simula la passione, ne ha tutta la follia. Ma, quando raggiunge la meta, si placa e dimentica. L'interesse si ricostituisce, in seguito, un po' come si ricostituisce l'energia di tutte le reazioni istintuali: la fame, la sete, il sonno. L'interesse erotico differisce inoltre dall'innamoramento perché è attratto dalla novità, stimolato dal diverso. L'innamoramento cerca testardamente la stessa persona e, se non la trova, non ha pace. L'erotismo, anche se cerca la stessa persona, è sempre pronto a sostituirla. Basta che se ne presenti l'occasione.

Nella relazione erotica i due amanti hanno uno scopo: quello di darsi piacere a vicenda, nient'altro. Essi sono, l'uno nei riguardi dell'altro, cibo e bevanda. Non c'è, probabilmente, nessuna forma di reciprocità più immediata, totale e spontanea di questa. Per questo Freud e gli psicoanalisti hanno preso la sessualità genitale come il prototipo della reciprocità, fino a farne un paradigma di tutte le relazioni umane reciproche. Freud e gli psicoanalisti hanno anche sottolineato che le forme di sessualità pregenitale sono invece non reciproche, per esempio: autistiche, o sadiche, o masochistiche. In questa sede, comunque, non ci interessa il piacere che prova il carnefice a torturare la vittima o altre forme pure di sessualità pregenitale. Parliamo solo dell'erotismo subordinato al principio di reciprocità, di ciò che è scambio, godimento reciproco.

Anche l'erotismo, come l'amicizia, ha il carattere dell'incontro. Anche il tempo dell'erotismo, come quello dell'amicizia, ha una struttura granulare. La dimensione specifica dell'erotismo però non è il ritrovare, il continuare, ma il diverso, il nuovo, l'inaudito. L'erotismo fa intravvedere, in ogni persona, una nuova voluttà straordinaria. E se ricerca la stessa persona, se vuole quella e non altre, è perché trova in lei ogni volta qualcosa di straordinario, una esperienza unica ed inconfondibile. L'innamoramento cerca una persona unica ed inconfondibile in cui tutte le qualità sono straordinarie ed esaltanti. *L'erotismo, invece, vede solo le qualità erotiche e cerca non la persona stessa, ma l'esperienza.*

L'unità, la molecola dell'innamoramento è lo stato nascente. L'innamoramento è un innamorarsi e un re-innamorarsi della stessa persona. La molecola dell'amicizia è l'incontro e l'amicizia è una filigrana di incontri con la stessa persona. La molecola dell'erotismo è, invece, *l'esperienza.* Una relazione erotica continua fino a quando l'esperienza erotica, il piacere erotico, conserva il suo carattere straordinario, inaudito. Se non lo trova in una persona, è costretto a cercarlo in un'altra. L'innamoramento ha, come suo destino, la produzione di una collettività, in particolare una coppia. L'amicizia è un camminare insieme nel viaggio della vita, fianco a fianco, lealmente. L'erotismo è un incontrarsi per darsi un piacere straordinario. Il piacere erotico deriva dal fondersi dei corpi, dall'annullamento, per un istante, dell'identità. Nell'innamoramento le due persone si fondono per creare una entità nuova, un noi, che intende durare e modificare la realtà. Nell'erotismo le due persone tendono ad una fusione temporanea, ad un annullamento temporaneo delle loro individualità fisiche e psichiche. Terminata l'esperienza straordinaria, ciascuna individualità si ricompone, arricchita dall'esperienza. Anche l'erotismo è un conoscere. Di fronte ad ogni persona si domanda come sia, e come reagisca. È forse, anzi, fra i due sessi, la forma di conoscenza più semplice, la porta più immediata per una intimità che si preannuncia, all'inizio, totale.

Tutto ciò che non si presenta in forma direttamente erotica è, in termini psicoanalitici, prodotto o dalla rimozione, o dalla sublimazione. Secondo la psicoanalisi, la verità della relazione interpersonale è l'erotismo. Qualsiasi relazione interpersonale, sia essa amore o amicizia, raggiunge la sua verità, diventa autentica, solo quando svela la sua natura erotica. Questa tendenza di pensiero caratterizza soprattutto certe scuole di psicoanalisi come quella di W. Reich,[1] ma è implicita in tutte. La teoria psicoanalitica trova una apparente conferma empirica nel fatto che quasi tutte le persone sono portate a valutare eroticamente tutte le persone dell'altro sesso con cui vengono in contatto. Nel caso degli omosessuali, naturalmente, quelle dello stesso sesso. Anche l'amicizia eterosessuale perciò, all'inizio, ha sempre degli spunti erotici. Se questi vengono abbandonati, lo psicoanalista ritiene che l'amicizia sia proprio il prodotto di quell'abbandono. Gli stessi impulsi, rimossi o sublimati, sarebbero ora alla base dell'attrazione amicale. Lasciandoli liberi, l'amicizia svanirebbe per tornare all'erotismo da cui era nata.

Soprattutto i giovani sono continuamente alla ricerca di esperienze erotiche. Possono così considerare incompleta, parziale, una relazione che non ha avuto come sbocco un rapporto sessuale. La ricerca sessuale, il vagabondaggio erotico, può diventare parossistico in certi periodi della vita. Allora la persona cerca di «sedurre» o «conquistare» il maggior numero possibile di persone dell'altro sesso. Per certi aspetti è una forma di potere, per altri una esplorazione, un conoscere. Il numero, però, finisce per annullare la conoscenza, per appiattire le esperienze e per distruggere, in definitiva, l'erotismo. Incominciato per conoscere, per incontrare persone, per vivere ciò che quella persona doveva dare di più suo e, quindi, di più straordinario, la ricerca perde proprio il nuovo, l'inatteso. Le persone si confondono l'una con l'altra. Tanti corpi nudi sono tutti uguali. L'erotismo svanisce nella sdifferenziazione totale.

L'erotismo è, infatti, tensione. Tensione fra l'individualità e la fusione. Ha bisogno dell'individuo per annullarlo,

1 Wilhelm Reich, *La funzione dell'orgasmo*, Sugarco, Milano 1970; *Analisi del carattere*, Sugarco, Milano 1970; *Ascolta piccolo uomo*, Sugarco, Milano 1972.

per violarlo. Ha bisogno della fusione, della nudità, per trovarvi lo specifico, l'unico. George Bataille[2] ha colto molto bene questo aspetto profanatore dell'erotismo. L'erotismo ha bisogno di facce pulite, verginali, angeliche per fare gesti osceni, per costringerle a tutto ciò da cui sono, apparentemente, più lontane. Ha bisogno di abiti eleganti, composti, di toilettes elaborate, regali, da spogliare. L'uomo in abito da sera è freddo, inappuntabile, forbito. La donna è altera, lontana, inavvicinabile, come una sacerdotessa o una dea. Per aumentare l'erotismo gli esseri umani accentuano tutto ciò che crea fra di loro distanza. Poi l'erotismo si manifesta nell'annullare la distanza, nello strappare di dosso quei vestiti. I damerini compassati, alteri, impassibili, diventano istantaneamente dei primitivi nudi; le dee, discinte, perdono ogni pudore. L'incontro erotico è perciò infrazione, sovversione, sconsacrazione, eccesso. L'abito da sera, in realtà, non è solo rigore, difesa, rimozione, distanza. È tutto questo, certo, ma, nello stesso tempo, fa intravvedere il suo contrario, allude al nudo che nasconde, ammicca all'eccesso che intende scatenare. Le donne sono imperturbabili e distanti come divinità. Però i loro vestiti raffinati sembrano sempre sul punto di cadere. Lasciano vedere il seno o tutta la schiena nuda, oppure le gambe con una spaccatura vertiginosa. La seduzione femminile è sempre allontanamento e invito, ritrosia e ammiccamento. No e sì. Ma la seduzione femminile non è che il simbolo generale della seduzione. Richiede al maschio di avanzare, di proporre, di prendere l'iniziativa. Per potersi difendere, schermire e, poi, cedere di schianto, quando l'altro non se l'aspetta. In questo l'essere umano ripete i comportamenti geneticamente condizionati di quasi tutti i viventi. La specie homo sapiens accentua coscientemente, con l'artificio, una tensione che conosce per natura. Questa specie senza pelliccia, senza piume, senza estro, senza odori erotici in-

2 George Bataille, *L'erotismo*, Mondadori, Milano 1969.

condizionati, si è costruita una cultura della seduzione che scatena l'interesse erotico quasi a piacimento.

2 Che differenza c'è fra l'amicizia ed una relazione erotica? La prima cosa che viene in mente è la stabilità. Ma si tratta di una falsa risposta. Vi sono diverse forme di amicizia. In certi casi, gli amici vivono fianco a fianco tutta la vita. Ma, in altri casi, si incontrano più raramente o, addirittura, eccezionalmente. Eppure si tratta di vera amicizia. D'altra parte, l'erotismo può generare una relazione che dura a lungo. L'amicizia è caratterizzata non dalla frequenza e dalla durata, ma dall'incontro. La differenza con la relazione erotica va perciò cercata a questo livello. Si tratta, allora, forse, della struttura del tempo? Nell'incontro noi ritroviamo l'amico al di là del tempo. Abbiamo visto che il tempo scompare, non interessa, perché la relazione fra i due amici non è problematica, non è oggetto di angoscia, di tensione. Ciò che avviene nell'intervallo non costituisce problema. Anche nell'incontro erotico, però, è importante solo il presente, il piacere presente e quanto è avvenuto nell'intervallo non interessa. In entrambi i casi c'è, quindi, una struttura granulare del tempo. La differenza sta piuttosto nell'*esperienza* stessa. L'esperienza erotica non è mai casuale, è preparata. È preparata per ottenere un piacere nuovo, straordinario, non necessariamente reciproco. Se non lo ottiene, il desiderio diminuisce, può anche scomparire. L'amicizia non prepara nulla. Gli amici non si aspettano niente dal loro incontro. Non lo giudicano, non lo valutano. Se l'incontro non è intenso, la cosa non ha la minima importanza. L'amicizia ha tempi lunghi, lunghissimi. Ci sarà un'altra volta in cui gli amici potranno incontrarsi veramente. L'incontro erotico, invece, viene preparato in vista del risultato. Quanto succede viene valutato, giudicato. Ciascuno vuole dall'altro una invenzione, una novità, una scintilla. *L'incontro erotico è una prestazione* recipro-

ca che deve soddisfare. Ciascuno può essere deluso dall'altro e, se la delusione si ripete due o tre volte, non c'è nessun motivo per continuare a cercare qualcosa che non c'è. I consultori, i sessuologi e gli psicoanalisti, sono subissati di domande su come migliorare la propria prestazione sessuale o quella del partner. Le coppie si sottopongono a esami, a test, si studiano reciprocamente per migliorare la loro performance. Vi sono libri e manuali per migliorarla. Quella di amare, se amare è inteso in senso erotico, è un'arte che si può apprendere e insegnare. Non esiste un'arte dell'innamorarsi o dell'amicizia. Libri come quello di Fromm sull'arte di amare[3] sono mistificazioni, come quello di Dale Carnegie sull'arte di conquistare gli amici. L'amore non si apprende, è un a priori. Non si apprende neppure l'amicizia. Si apprendono le buone maniere, il modo di convivere cortesemente e questo giova, ovviamente, tanto all'amore che all'amicizia. *Invece la seduzione si apprende*. Il mondo dell'erotismo è un mondo di mezzi e fini: si conoscono i fini e si perfezionano, si raffinano i mezzi. Nell'amicizia e nell'innamoramento la gente si incontra senza sapere cosa vuole. È nell'incontro stesso che si rivela il fine. Perciò, quanto più uno cerca, quanto più si affanna a manipolare se stesso e l'altro, quanto più calcola e seduce, tanto più, in realtà, chiude gli occhi e gli orecchi a questa rivelazione. Nell'erotismo, invece, ciascuno deve conoscere se stesso e l'altro. Per sedurlo, per aumentare il desiderio e dare la risposta appropriata al desiderio così creato.

La stragrande maggioranza degli sforzi compiuti dalle coppie sono inutili non perché non esista un'arte della seduzione e dell'erotismo. Ma perché in loro manca l'amore e questo, invece, non può essere appreso. È l'amore che tiene uniti, sia amore materno, innamoramento, o amicizia. Se manca l'amore, l'erotismo, proprio perché è una prestazione, non riuscirà a salvare la relazione. Il successo della pre-

3 Erich Fromm, *L'arte di amare*, Il Saggiatore, Milano 1981.

stazione dipende dal desiderio che io ho di piacere; dalla volontà, dalla tenacia che io metto nel conquistare, nel sedurre l'altro. Ma perché devo farlo se non lo amo? Se non è mio amico? Le coppie che vanno al consultorio vogliono continuare ad esistere come coppie, vogliono durare. Esse considerano l'erotismo un mezzo per la loro esistenza e la loro durata. Ma l'erotismo, nella sua forma pura, non ha il minimo interesse all'esistenza e alla durata. Vuole il piacere straordinario e basta. È disposto a creare la messa in scena, l'artificio, ma a condizione di trovare, in modo abbondante, ciò che cerca. Se deve fare fatica, se il dovere supera il piacere, lascia perdere.

Le relazioni erotiche, a differenza dell'amicizia e dell'amore, possono cessare istantaneamente, senza rimpianto, senza rimorso e senza rancore. L'amore cessa solo dopo innumerevoli frustrazioni. L'amicizia muore per trauma, quando è tradita o delusa. Anch'essa, perciò, cessa con dolore, con amarezza, e lascia un senso di delusione che può durare molto tempo. Invece la relazione erotica svanisce dalla sera alla mattina, senza lasciare traccia. La persona con cui eravamo abbracciati, frementi, dicendo «amore, amore» diventa una come le altre. Molti cosiddetti innamoramenti, o «cotte», o «infatuazioni», sono soltanto delle relazioni erotiche arricchite di romanticismo.

3 L'amicizia non si autocompiace mai di se stessa, la sessualità sì. Durante il rapporto erotico la gente si dice reciprocamente: «come mi piaci, come è bello stare con te, come sto bene con te, come stiamo bene insieme». L'erotismo richiede di gridare il piacere, il proprio piacere e il piacere di stare con l'altro, di stare assieme. Non c'è nessun pudore. Anzi la relazione erotica si alimenta delle dichiarazioni di piacere reciproco. Al contrario l'amicizia è schiva, pudica, silenziosa. Due amici non si diranno mai «come stiamo bene insieme». L'amicizia è un piacere, produce

una grandissima contentezza. Ma è un tipo di contentezza che non si dice. Poter finalmente ricambiare un favore ad un amico che ci ha aiutato tanto nel passato, è una felicità. Una gioia da ballare e saltare. Ma non possiamo dirglielo. Se glielo diciamo, se gli diciamo: «vedi, adesso che posso ricambiarti il favore, sono felice come un bambino», lui resterà imbarazzato. E allora anche la nostra felicità svanisce. Per questo dobbiamo saper tenere l'emozione per noi. È un fenomeno curioso. All'amico a cui raccontiamo le nostre emozioni più segrete, non possiamo dire quelle che riguardano lui. Ma è logico. L'atto che facciamo per l'amico è intrinsecamente virtuoso, perciò non può ostentarsi, non può autocompiacersi. Non si può dire: «guarda come sono virtuoso». Perché una virtù che si ostenta non è più una virtù. *Nessuno può vantarsi della sua virtù*. Non posso dire: «io sono modesto, generoso e altruista». Nel momento stesso in cui lo penso divento immodesto ed egoista. Non posso compiacermi di ciò che è l'essenza di ogni atto morale: il disinteresse, l'amore per l'altro, il preferire lui a me. Il compiacimento è, per definizione, egoistico.

È questo il motivo per cui noi, pur essendo pieni di gioia, non possiamo correr dall'amico e dirglielo: perché ciò che facciamo appartiene al registro delle virtù. Abbiamo detto, fin dall'inizio, che l'amicizia è la forma etica dell'eros. È questo il motivo per cui una vera, profonda amicizia, tende a non mostrarsi. Chi va in giro a dire: «Il tale, ma è un mio carissimo amico! Il tal altro, ma siamo amicissimi!» in genere non ha affatto un profondo rapporto di amicizia con costoro. Vuol dire che è in buoni rapporti con loro, che li conosce bene, che può ottenerne un favore, che gode presso di loro di un certo credito, ma nulla di più.

Gli innamorati si giurano eterna fedeltà. Gli amici non giurano mai, non si promettono niente. Se io prometto amicizia ad un mio amico costui mi guarderà come si guarda un matto. Dicendo «ti amerò per sempre» l'innamorato getta se stesso ai piedi della persona amata. Come il «ti ho sempre amato», è una resa senza condizioni. Però, nello stesso tempo, è una richiesta, dà diritto ad un elogio, aspetta un riconoscimento di eroismo. Nell'amicizia frasi come «sarò tuo amico per sempre», o «sono sempre stato tuo amico» si usano solo quando l'altro non ci crede e, quindi, quando l'amicizia non esiste. Fra due veri amici questo tipo di cose non si dicono o sono presupposte.

Sul terreno morale nessuna virtù, neppure l'eroismo, ha il diritto di vantarsi, di ostentarsi. Molti ritengono che l'amicizia sia caratterizzata da una specie di mediocrità, che rifugga dalle decisioni gravi, dagli atti coraggiosi, eroici. Non è affatto così. Quando esaminiamo i comportamenti concreti di due innamorati ci accorgiamo che, spesso, di eroismo ce ne è stato molto poco. C'è stata, invece, molta magniloquenza. L'eroismo dell'amicizia è stoico, non ammette chiacchiere. Qualunque cosa faccia si limita a dire «non c'è di che» e non vuol sentire altro.

Solo l'amicizia, fra le numerose forme di amore, ha questa pudicizia virtuosa. La madre abbraccia estasiata suo figlio, lo trova bellissimo, stupendo, il più bello e il più intelligente del mondo. Gli innamorati si gridano il loro amore. In entrambi i casi non c'è egoismo, c'è altruismo e questo altruismo non scompare gridandosi. Questo è possibile perché le due persone sono quasi fuse. Dove finisce la madre e dove incomincia il figlio? Dove l'amante e dove l'amato? In questo tipo di amore, egoismo ed altruismo perdono di senso perché il vero oggetto trascende le due singole persone individuali. Nell'amicizia, invece, l'altro resta, e deve restare, totalmente se stesso. Nei suoi riguardi non posso mai, neppure per un istante, confondere egoismo ed altruismo. Tutte le virtù devono conservare con chiarezza la loro natura. Io, nei riguardi dell'amico, devo restare sempre altruista, sempre onesto, sempre sincero, sempre modesto, sempre corretto. Quando non lo sono, l'amicizia svanisce. Se lo sono non posso compiacermene. Per questo l'amicizia è silenziosa e pudica.

4 Può l'erotismo coesistere con l'amicizia? Abbiamo visto che sono diversi e che non possono essere confusi. Ma questo non significa che debbano essere incompatibili. Incominciamo, intanto, ad esaminare, più in generale, il rapporto che esiste fra alcuni sentimenti amorosi.

Amicizia ed innamoramento sono cose diverse e incompatibili. Se al mio amato io dico: «restiamo amici», significa che non lo amo più. L'amicizia è incompatibile anche con l'amore che emerge come forma stabile dall'innamoramento. L'amore che esce dall'innamoramento (istituzione) ne conserva i caratteri essenziali. Le persone che si amano in questo modo possono avere degli incontri sul tipo di quelli che hanno gli amici. Però il loro affetto è esclusivo, sono spesso gelose sul piano sessuale; lo sono sempre, comunque, di un altro innamoramento. Il *noi* della coppia è una collettività solidale, con mutui doveri, con un forte controllo reciproco. E questo è il contrario dell'amicizia. Introdurre in questa coppia la liberalità dell'amicizia vuol dire distruggerla. L'amicizia è anch'essa una forma di amore, ma totalmente diversa. L'erotismo, invece, non può nemmeno essere considerato una forma di amore. Non produce, per sua natura, una relazione stabile. Non è, in termini psicoanalitici, uno stabile investimento oggettuale o, perlomeno, non lo è nella maggioranza dei casi. L'erotismo, perciò, non si pone in alternativa alle altre forme di amore. Si può combinare con esse dando luogo a configurazioni particolarissime.

Combinandosi con l'innamoramento lo sacralizza, lo rende sublime. Il corpo erotizzato della persona amata suscita reverenza e adorazione. In questo caso l'erotismo perde il suo carattere di infrazione, di violazione. Ma perché l'innamoramento è esso stesso trasgressione, rivoluzione. La combinazione dell'erotismo con l'amore istituzionale che emerge dall'innamoramento è un po' più difficile. Per essere se stesso l'erotismo deve ricreare una distanza rispetto alla tenerezza dell'amore. L'erotismo vuole emozioni violente e nuove, è minacciato dalla quotidianità senza problemi. Talvolta, perciò, la combinazione dell'erotismo con l'amore, dopo un certo tempo, si scioglie e l'amore si deerotizza, diventando affetto, dolcezza, lealtà. Un amore deerotizzato, comunque resta amore, non svanisce. Può anche rinascere all'erotismo, rivitalizzarsi, perché è l'erede dello stato nascente e ne conserva le proprietà.

Il rapporto dell'erotismo con l'amicizia è più difficile ancora. L'amicizia è totalmente eterogenea rispetto all'erotismo. In genere, nel rapporto fra i due sessi, c'è un momento in cui l'incontro può evolvere tanto verso l'erotismo come verso la relazione amicale. Quasi sempre viene compiuta una scelta: o da una parte o dall'altra. Eppure amicizia ed erotismo possono convivere. È possibile una amicizia fra due persone di sesso diverso che hanno avuto o che hanno relazioni erotiche fra di loro. Lo stesso vale per persone dello stesso sesso nel caso di omosessuali. È possibile perché l'amicizia sa vivere di vita autonoma, non ha bisogno dell'erotismo e non viene, perciò, neppure minacciata dalla sua frivolezza.

L'erotismo da solo non si prolunga in amicizia. L'attrazione erotica può alimentarsi di cose assolutamente incompatibili con l'amicizia, come la volgarità, il capriccio, la menzogna. L'erotismo è per sua natura ambiguo, dice di sì e di no allo stesso tempo. È impossibile che, da una relazione fondata esclusivamente su queste basi, possa derivare la cristallina positività dell'amicizia. Quando, però, l'amicizia esiste già, o si costruisce per conto suo, attraverso gli incontri, quando il rapporto fra le persone è fondato su solide fondamenta etiche, l'erotismo non lo distrugge.

L'erotismo non produce amicizia, ma *l'amicizia è compatibile con l'erotismo*. Nell'amicizia erotica, quello che conta è la filigrana di incontri. Quello che conta è la confidenza, la fiducia, la lealtà spirituale. Se queste ci sono, se l'erotismo è solo una componente dell'incontro, può vivere accanto all'amicizia così come può vivere accanto all'amore sorto dall'innamoramento. Si differenzia da questo soltanto perché non è geloso, esclusivo, perché non pretende il possesso totale, continuo, della persona. L'erotismo, nell'amicizia, è sempre un'appendice, qualcosa di inessenziale, che non interferisce e non deve interferire con i fondamenti dell'amicizia. Ma se riesce a non interferire, se non diventa oppressivo, possessivo, se resta leggero come un dono non richiesto, allora può vivere e a lungo.

Nella *amicizia erotica*, l'amicizia incomincia dove termina la seduzione, dove cessa la manipolazione ed il potere. L'amicizia erotica vera è fatta di slancio, senza calcolo, generosa, per crescere e per far crescere. Senza meschini calcoli di pro e contro, senza volontà di trattenere, di dirigere, di influenzare, di spingere in una direzione. Amico è chi riceve bene l'amico e fa ciò che piace a lui. Tanto se era atteso, come se viene all'improvviso. L'amico dà senza chiedere, riceve senza domandare. Se l'erotismo riesce a diventare queste cose — e qualche volta ci riesce — allora è compatibile con l'amicizia. In caso contrario la distrugge.

1 La vita quotidiana è dominata dal potere e dalla sopraffazione. Nei rapporti aziendali, spesso, molti superiori provano un acre piacere ad affermare il loro potere sui sottoposti. Nei rapporti con i colleghi c'è competizione per la gerarchia e il rango. Tutto il sistema professionale è costruito come ascesa nella scala del prestigio e del potere. Anche le cose che appartengono allo svago, al divertimento, sono strumenti di affermazione sociale. Un party, per esempio, è anche una esposizione in cui ciascuno cerca di mettersi in vista. I partecipanti si riuniscono a gruppetti per giudicare gli altri. È in questo modo che viene elaborata la valutazione sociale e si costituiscono le gerarchie di prestigio. Non si tratta, però, di una valutazione obiettiva e disinteressata. I gruppi sono coalizioni che si formano per combattere gli avversari, per scacciare i concorrenti. A questo serve la maldicenza: ad aggredire collettivamente l'assente, per metterlo fuori gioco.

Il desiderio di potere, di emergere, il bisogno di dominio, sono presenti anche nelle relazioni familiari, fra coniugi, fra persone che si amano. Nelle coppie vi è una continua, sottile schermaglia in cui ciascuno si afferma ai danni dell'altro, lo fa sentire in colpa, lo umilia. A volte, dopo il periodo incandescente dell'innamoramento, sembra non restare altro che questo bisogno di sopraffazione e di rivalsa. Di certe coppie ci si domanda se siano più legate dall'amore o dal desiderio di vendetta,[1] dal desiderio di tenere l'altro legato,

1 Un autore italiano che, nei suoi romanzi, ha ben studiato questo mondo

prigioniero e avvilito. Vi sono persone che hanno così tanto ceduto ai loro desideri aggressivi e di dominio che sono diventate, per i loro congiunti o per i loro dipendenti, dei veri e propri despoti. Qualunque cosa l'altro faccia, anche se perfetta, anche se ammirevole, non fanno mai un elogio pieno. Scoprono qualche difetto, infieriscono su un particolare insignificante e, in quel modo, distruggono il valore di tutta l'opera. Mettono il loro interlocutore in condizione di sentirsi sempre in fallo, sempre colpevole. Come la più cupa morale della controriforma cattolica, che teneva inchiodati col terrore i credenti perché, anche se la loro vita era stata santa, bastava un peccato all'ultimo istante per essere condannati ai tormenti eterni. Bastava un nulla, una disattenzione, una debolezza, ed era finita. Ma anche senza arrivare a questi estremi di crudeltà psichica, nella vita quotidiana capita, spesso, che una nostra gioia venga avvelenata da una osservazione, da una battuta fatta da chi ci sta vicino. A prima vista queste cose sembrano casuali, ed invece sono sottilmente intenzionali, sono fatte apposta per rovinare il piacere, per far soffrire. È da questo mondo meschino e dal suo peso quotidiano che l'amicizia ci libera.

L'amico è, per definizione, colui che non si comporta in modo meschino con noi. Se qualcuno che noi consideriamo amico fa delle battute che ci disturbano, se ci rovina la gioia del successo, se, con le sue osservazioni, ci mette in imbarazzo, allora possiamo stare sicuri che costui, qualunque cosa dica, non è nostro amico. Lo stesso vale per la maldicenza. Un amico non sarà mai maldicente verso di noi. Se gli altri si riuniranno per sparlare di noi, o ci difenderà o se ne andrà immediatamente. Non si fermerà nemmeno ad ascoltare per poi venircelo a riferire. Chi fa così, chi viene continuamente a riferirci le malvagità che gli altri

emozionale è Franco De Faveri. Vedi, per esempio, *Venezia bianca*, Marsilio, Venezia 1977.

hanno detto nei nostri riguardi, prova piacere a farlo e, perciò, non è nostro amico.

Nell'amicizia non c'è posto per la sopraffazione e per il potere, nemmeno per il misero potere quotidiano, nemmeno per la piccola malvagità. Gli amici sono magnanimi l'uno nei riguardi dell'altro; sono dei gran signori. D'istinto escludono tutto ciò che potrebbe disturbare questa grandezza. L'incontro con l'amico, perciò, interrompe la trama compatta e avvilente della vita quotidiana. È un momento di pace e di serenità olimpica al di sopra degli intrighi e dei complotti.

2 La vita quotidiana è dominata dall'*ambivalenza*. Verso gli altri, come verso noi stessi noi, spesso, non proviamo un sentimento unico, sia esso amore o odio, ma le due cose mescolate. Amiamo e odiamo nello stesso tempo. Secondo la psicoanalisi freudiana noi possiamo rappresentare gli investimenti dell'eros e dell'aggressività come delle cariche positive o negative. Positivo l'eros, e negativa la aggressività.

Un oggetto d'amore (per esempio la persona che amiamo, nostro figlio, o nostra madre, ma anche la nostra patria, la nostra chiesa) è stabilmente investito di cariche positive. Più l'oggetto è importante, più cariche vi sono accumulate. Un nostro nemico personale, oppure il partito politico avverso, i criminali, tutto ciò che ci è sgradito o che odiamo in modo stabile, sono invece oggetti investiti stabilmente di cariche negative. Una relazione non ambivalente è quella in cui l'oggetto è investito solo di cariche positive o solo di cariche negative: è o totalmente amico, o totalmente nemico.

Che ci sia o non ci sia *ambivalenza* è estremamente importante dal punto di vista del principio del piacere. Secondo Freud noi proviamo piacere tanto se esprimiamo il nostro amore come se esprimiamo la nostra aggressività. Il guerriero è felice sul cadavere del nemico ucciso,[2] così come l'amante è felice fra le braccia dell'amata. La felicità del guerriero dipende dal fatto che la sua aggressività ha potuto scaricarsi su un nemico, cioè su un oggetto stabilmente investito di cariche negative. La felicità dell'amante dipende dal fatto che le braccia che lo accolgono sono quelle di un essere investito positivamente. Il guerriero sarebbe infelice se avesse ucciso l'amato e l'amante sarebbe infelice se fosse abbracciato dal nemico. Questo fatto elementare, ma fondamentale, può essere descritto nel seguente modo: si produce piacere solo quando le cariche si rivolgono a oggetti investiti stabilmente con cariche dello stesso segno. Ogni volta che l'aggressività si rivolge ad oggetti d'amore noi proviamo sofferenza, per esempio sotto forma di rimorso. Ogni volta che l'eros si rivolge ad oggetti negativi, noi proviamo rabbia, collera contro noi stessi.

Possiamo ora comprendere perché l'ambivalenza sia fonte di sofferenza. Essa ci impedisce di provare il piacere dell'aggressività e dell'amore nella loro forma pura. Se siamo ambivalenti, quando amiamo desideriamo anche fare del male alla persona amata; poi ci sentiamo in colpa, sentiamo il bisogno di riparare. L'ambivalenza è disordine, entropia. Negli esseri viventi la sua crescita significa malattia, morte. Probabilmente l'ambivalenza (entropia) nell'essere umano provoca essa stessa una sofferenza.

Perché la nostra vita quotidiana è dominata dall'ambivalenza? Proprio a causa dell'importanza di alcuni nostri oggetti d'amore. La madre ama i suoi figli. Deve però vivere sempre con loro, prendersene cura ogni momento, anche quando è stanca, anche quando non ne ha voglia. La scelta di essere madre la condiziona, le impedisce di essere altre cose. I bambini la realizzano come donna, ma costituiscono

2 S. Freud, *Considerazioni attuali sulla guerra e sulla morte*, in *Opere*, Boringhieri, Torino 1976, vol. VIII, pag. 141.

anche un ostacolo per la sua crescita personale in altri campi. L'ambivalenza nasce in questo modo, a poco a poco. La madre ama i suoi figli ma, nello stesso tempo, accumula dentro di sé risentimento. Lo stesso avviene fra figli e genitori. I figli hanno bisogno dei genitori perché questi li nutrono, si prendono cura di loro e costituiscono i loro oggetti di identificazione. Però limitano anche la loro libertà, proibiscono la libera manifestazione degli impulsi.

L'ambivalenza si addensa in tutti gli spazi della vita quotidiana. In ufficio fra colleghi, nei riguardi dei superiori, verso i vicini. Però produce sofferenza solo quando riguarda le persone emotivamente importanti. È facile tener separati i sentimenti verso chi ci è quasi indifferente. Costui ci è simpatico e l'altro no, non c'è problema. Invece non possiamo evitare la mescolanza dei due sentimenti quando siamo legati a quella persona, quando ci è indispensabile, quando la vogliamo sempre vicino. L'ambivalenza è la malattia dei rapporti forti, tanto più penosa quanto più forte, solido, è il legame. La sofferenza provocata dall'ambivalenza è direttamente proporzionale all'investimento totale dell'oggetto.

L'amicizia è l'unico rapporto affettivo incompatibile con l'ambivalenza. Abbiamo già visto che, nell'innamoramento, noi possiamo odiare la persona amata. Possiamo essere ambivalenti nei riguardi dei nostri genitori o dei nostri figli. Non possiamo invece essere ambivalenti nei riguardi degli amici. Se lo diventiamo l'amicizia ne soffre e, se l'ambivalenza continua, si spegne. È questo, probabilmente, il motivo per cui gli amici preferiscono vedersi di tanto in tanto, quando ne hanno voglia, piuttosto che vivere insieme. Una convivenza continua crea, inevitabilmente, dei motivi di dissapore, di risentimento, piccole cose che però, sommandosi, possono diventare grandi. La convivenza tende a consolidare i rapporti affettivi ma, nello stesso tempo, divide. Gli innamorati scelgono questa strada e questo rischio perché tendono alla fusione. L'amicizia, invece, preferisce rinunciare alla fusione a favore dell'incontro. L'incontro è sempre positivo. Se l'amicizia è una filigrana di incontri, non è ambivalente.

È questo il motivo per cui, nell'incontro con l'amico, proviamo un senso di liberazione intellettuale ed emotivo. L'amico è chiaro, trasparente, non è doppio. L'incontro con l'amico è un'isola di limpidezza nell'opacità dell'ambivalenza, è un intervallo totalmente positivo in un continuum di equivocità. È impossibile vivere quotidianamente senza ambivalenza. L'ambivalenza è il prodotto dell'esistenza di stabili rapporti con gli oggetti. Però possiamo avere dei rapporti in cui l'ambivalenza è ridotta o addirittura assente. L'amicizia è il sentimento non ambivalente per eccellenza. Il più separato dalla realtà, dalla ottusità quotidiana.

3 La vita quotidiana è dominata dall'*invidia*. Questo è, certamente, uno dei sentimenti più forti nell'essere umano. Freud vi aveva dato molta importanza per spiegare la differenza fra i sessi. Per Melanie Klein è un sentimento primordiale, presente perfino nei primi mesi di vita.[3] L'autore che più ha messo in evidenza il ruolo dell'invidia è stato però il francese René Girard.[4] Girard osserva che l'uomo è un animale mimetico. La sua incredibile capacità di apprendere gli deriva proprio dalla sua capacità di mettersi al posto dell'altro e di desiderare ciò che è desiderato dall'altro. I bambini apprendono ciò che è culturalmente buono, cioè desiderabile, attraverso l'identificazione con i genitori. Sono però pronti ad identificarsi anche con i loro pari. Per vedere all'opera questa straordinaria *invidia mimetica* basta osservare un bambino a cui viene offerto un oggetto. Il bambino non lo vuole, non sa cosa farsene. Però, se lo stesso oggetto lo diamo ad un altro bambino o, semplicemente,

3 M. Klein, J. Rivière, *Amore, odio e riparazione*, Astrolabio, Roma 1969.
4 R. Girard, *La violenza e il sacro*, Adelphi, Milano 1980.

incominciamo ad usarlo noi, il bambino lo vuole lui. Il desiderio per quell'oggetto appare, cioè, solo quando c'è un altro che lo usa. Il desiderio di una cosa — dice Girard — è sempre il desiderio di un altro (con cui siamo identificati). Desiderio ed invidia nascono insieme. Il desiderio esiste perché c'è un altro che desidera. È il suo desiderio che fa nascere in noi il desiderio di avere la stessa cosa al suo posto, quindi di prendergliela.

In questo modo Girard spiega il complesso di Edipo. Il bambino, identificato con il padre, ha gli stessi desideri del padre, desidera le cose che desidera il padre, esattamente le stesse e nello stesso modo. Se il padre desidera avere la madre esclusivamente per sé, il bambino apprende a volerla esclusivamente per sé. Non c'è bisogno di nessuna frustrazione per spiegare il conflitto. Il padre più dolce, più tenero, più affettuoso produce, involontariamente, un altro se stesso che desidera tutte le sue cose, con la stessa intensità, puntualmente. Ma un bambino non può fare e avere le stesse identiche cose di un adulto e nello stesso identico modo. Il conflitto e la frustrazione sono perciò inevitabili.

Secondo Girard l'invidia mimetica è alla base di quasi tutti i rapporti umani. Per esempio dell'innamoramento. Noi ci innamoreremmo di una persona solo quando è desiderata da un altro.[5] Questa generalizzazione è insostenibile. Esistono anche dei desideri che esistono per sé, indipendentemente dal fatto che ci sia un altro a desiderare. La madre ama e desidera i suoi figli senza bisogno di un'altra donna da invidiare. È però vero che, spesso, nella vita quotidiana, il desiderio di una cosa si risveglia in noi quando vediamo che qualcun altro, soprattutto un nostro pari, la possiede. La teoria di Modigliani e Duesenberry[6] sui consumi è basata sul *demonstration effect*. Noi desideriamo quei beni di

5 R. Girard, *Mensonge romantique et vérité romanesque*, Grasset, Paris 1962.
6 J.S. Duesenberry, *Income, Saving and the Theory of Consumer Behavior*, Harvard Univ. Press, Cambridge, Mass., 1944.

consumo che vediamo usati da coloro con cui siamo più frequentemente in contatto, i nostri vicini, le persone della nostra classe sociale. Spesso, quando in noi si sveglia il desiderio di una cosa che hanno i nostri pari, questo risveglio si accompagna ad un sentimento di rancore verso di loro e al desiderio che loro non debbano godere delle cose che ci sono negate. L'invidia è costituita da diverse componenti: l'identificazione con l'altro, il desiderio di ciò che lui ha e il rancore per il fatto che lui l'ha e noi no. A volte si aggiunge il senso di ingiustizia, e la volontà di toglierglielo, di farlo soffrire.

Se la *mimesi invidiosa* è così importante nell'origine dei bisogni, non dobbiamo meravigliarci che sia frequente nella vita quotidiana. Il grado di aggressività, di odio, di livore, però, variano moltissimo da persona a persona. Vi sono delle persone che, non appena si accorgono di desiderare una cosa che non possono avere, fanno di tutto per dimenticare il desiderio, rinunciano con facilità. In questo modo il moto iniziale di invidia svanisce. Vi sono, invece, delle persone che coltivano in sé il desiderio, il senso di ingiustizia ed il rancore. Il marxismo, come ideologia popolare, è stato costruito su questo sentimento di invidia rancorosa, ha alimentato il sentimento di ingiustizia nei riguardi di coloro che hanno, ed ha giustificato ideologicamente il desiderio di espropriarli con la violenza. Anche la cultura americana ha favorito l'invidia, ma come stimolo all'emulazione, alla concorrenza, al successo.

L'invidia è un sentimento meschino, penoso, che avvelena i nostri rapporti sociali e ci fa soffrire in silenzio. L'invidioso è felice quando gli altri soffrono, quando sono sfortunati, quando le cose vanno loro male. Al contrario è infelice quando sono contenti, quando le cose vanno loro bene. L'invidia è perciò antitetica all'amore. L'amore vuole la felicità dell'altro, l'invidia il suo male. Essa è una delle forme in cui si manifesta l'odio, l'aggressività, il piacere del nuocere, del far soffrire. Nella vita quotidiana l'invidia si affaccia dappertutto, anche nelle relazioni fra figli e genitori. L'invidia fra fratelli è notissima. Essi si trovano a competere, punto a punto, per gli stessi oggetti d'amore, per gli stessi premi. Nei fratelli l'invidia coesiste, spesso, con un amore tenace. Vi è, così, una profonda ambivalenza.

Nell'innamoramento non c'è invidia. Può esserci odio, rancore, desiderio di distruggere la persona che amiamo e che non ci ricambia del suo amore, ma non c'è invidia. Gli innamorati si vivono troppo diversi. Ciascuno è, agli occhi dell'altro, o una divinità o un demone, e noi non possiamo invidiare né i demoni né gli dei. L'invidia è il sentimento degli uguali. Giustamente René Girard ha criticato la teoria di Emile Durkheim secondo cui la solidarietà sociale delle società primitive dipende dal fatto che i loro membri si sentono uguali fra di loro, hanno gli stessi valori e gli stessi desideri.[7] In queste situazioni l'invidia, osserva Girard, è massima. La società primitiva è minacciata dall'uguaglianza. Questa fa esplodere, al suo interno, la lotta di tutti contro tutti, possibile proprio perché tutti hanno gli stessi desideri. La società primitiva cerca perciò, in ogni modo, di differenziarsi, creando delimitazioni rituali, tabù. Essa ha orrore dell'uguaglianza, di tutto ciò che simbolizza la scomparsa delle differenze. Per esempio dei gemelli, soprattutto dei gemelli identici. Oppure dell'incesto, che annulla la differenza fra consanguinei e non consanguinei, fra genitori e figli. È la società moderna che elogia l'uguaglianza. Può farlo perché la divisione sociale del lavoro e la specializzazione professionale assicurano una continua differenziazione sociale. Eppure, anche in questa società, l'invidia mimetica è sempre pronta ad esplodere laddove ci sono dei pari. Una modalità per contrastarla è la solidarietà del gruppo unito contro un avversario, in modo che l'aggressività si rivolga non al suo interno, ma all'esterno.

L'amicizia costituisce la più flagrante eccezione dell'invi-

7 Emile Durkheim, *La divisione del lavoro sociale*, Comunità, Milano 1963.

dia mimetica. Gli amici sono dei pari, sono simili. Spesso hanno gli stessi valori. Ciascuno apprende dall'altro le cose da fare e da desiderare. Abbiamo visto che l'esperienza dell'amico è l'unica veramente utilizzabile da noi. Eppure non c'è invidia. Perché, proprio quando l'identificazione è più forte, non c'è invidia? Come si spiega questo evidente paradosso?

Incominciamo con l'osservare che, se gli amici si accorgono di desiderare ciò che è dell'altro, interrompono immediatamente l'identificazione su questo punto, creano una distanza; spengono, in altre parole, il desiderio. Abbiamo visto che l'amicizia è possibile solo quando gli amici sono capaci di limitare i loro desideri, di ridurre i loro bisogni, di fare a meno. Ora comprendiamo l'importanza di questo processo. L'identificazione fa nascere in noi lo stesso identico desiderio dell'altro, ci fa desiderare ciò che lui desidera. Normalmente noi facciamo nostro questo desiderio. Nell'amicizia, invece, no. Il desiderio dell'amico — che pure noi comprendiamo bene — resta il *suo* desiderio e noi ci poniamo al servizio della *sua* soddisfazione. *Non ci confondiamo con lui*. Ci mettiamo dalla sua parte.

Questo straordinario comportamento è la conseguenza del processo che abbiamo descritto parlando dell'incontro. Nell'incontro con l'amico noi impariamo a conoscere quali sono i nostri veri desideri prima identificandoci e, poi, *differenziandoci* da lui.[8] La differenziazione è il presupposto della nostra identità. D'altra parte noi riusciamo a comprendere ciò che siamo e ciò che desideriamo perché il nostro amico rispetta i nostri desideri e i nostri fini come inconfondibilmente nostri. Rinunciando a fare nostro il desiderio dell'amico, perciò, in realtà ci avvantaggiamo. Procediamo sulla strada della nostra individuazione. Soltanto con l'amico

8 Nei termini di Max Scheler, l'amicizia produce simpatia. Tanto la fusione dell'innamoramento o del movimento, come la mimesi invidiosa sono, invece, forme di unipatia. Vedi Max Scheler, *Essenza e forme della simpatia*, Città Nuova, Roma 1973.

possiamo farlo. Ecco perché non c'è invidia: perché, cioè, lui resta lui e noi noi, e non siamo trascinati fuori di noi stessi.

Nell'amicizia, rinunciare al desiderio dell'amico è, ad un tempo, naturale e piacevole. Quando lo facciamo abbiamo, nettamente, l'impressione di stare meglio, di essere più noi stessi.

Come corollario di queste osservazioni ricordiamo che è questo il motivo per cui noi non possiamo desiderare la persona amata dal nostro amico. Se l'ama lui, se la desidera lui in modo esclusivo, allora, automaticamente, cessa di essere oggetto del nostro desiderio. Naturalmente può avvenire che ce ne innamoriamo. In questo caso scoppia un conflitto drammatico. Lo stato nascente, infatti, ha il potere di dissolvere tutti i precedenti legami e, in particolare, quelli di amicizia. Ma, al di fuori dell'innamoramento, quando restiamo nel campo del desiderio erotico, vale la regola che il vero amico trova inconcepibile desiderare l'oggetto esclusivo dell'altro. Se questo non avviene, non ci troviamo di fronte ad una vera amicizia, ma ad una delle tante forme di amichevolezza ipocrita. Oppure, più semplicemente, l'amicizia scompare.

4 L'amicizia interrompe e trascende la vita quotidiana. La vita quotidiana cerca, allora, di infiltrarsi nell'amicizia, di catturarla, di imporle le sue regole. Lo si vede molto bene nel rapporto fra le relazioni di coppia e le relazioni amicali. La coppia è esclusiva, tende a controllare ogni cosa, non lascia spazi vuoti, il suo tempo è continuo, in contrasto con la natura granulare del tempo dell'amicizia. Ogni membro della coppia, però, ha anche degli amici. Sono amici suoi, non dell'altro e non sono trasferibili come una conoscenza. L'incontro, infatti, è un punto di contatto fra due destini personali, che non si può condividere con nessun altro. La logica della coppia e della quotidianità,

invece, vuole che tutto venga condiviso. Per la coppia non ci devono essere amici personali: i tuoi amici sono i miei amici. Alcuni sono addirittura gelosi degli amici del loro amato. Vivono la sua intimità con l'amico come qualcosa di sottratto a loro. Se l'amico è di un altro sesso provano gelosia, sentono minacciato il loro amore. Questi sentimenti sono tanto più forti quanto più l'amore è indebolito e avvelenato dall'ambivalenza. L'innamoramento solare è impavido, non ha paura di nulla. Vi sono invece degli amori possessivi, angosciati, che si riducono quasi esclusivamente al controllo fisico e mentale dell'altro. Degli amori-odio, degli amori-potere in cui l'amante è il carceriere dell'amato, preoccupato solo che costui possa evadere dalla prigione. Il carceriere ha paura degli amici perché questi sono finestre da cui il prigioniero vede la libertà, e da cui può fuggire. Incomincia, allora, una sottile lotta contro l'amicizia.

L'amicizia è stima, rispetto. Un modo per colpirla è di insinuarvi il dubbio con la critica, la maldicenza. Spesso, però, questa attività distruttiva fallisce perché è fatta con acrimonia e con spirito invidioso. Noi non siamo invidiosi dei nostri amici. Nostro marito o nostra moglie, invece, non sono protetti come noi dall'invidia. Se hanno qualche sentimento negativo verso i nostri amici si lasceranno, perciò, sicuramente scappare qualche frase invidiosa o maligna. Questo ci mette sull'avviso, crea in noi uno stato di allarme. Occorre molta abilità a screditare ai nostri occhi un amico.

La coppia ha, comunque, a disposizione un altro strumento di controllo dell'amicizia: il suo assorbimento nella domesticità. Gli amici vengono invitati a casa con altre coppie, diluiti nel gruppo. Apparentemente, non c'è alcun attentato all'amicizia. Il modo più semplice di incontrarsi, per degli amici che vivono in coppia, è di creare una occasione di incontro per le coppie. In realtà, a poco a poco, la collettività prende il posto delle relazioni interpersonali. La stupidità gelosa del gruppo interviene in infiniti modi per impedire che si realizzi quel contatto, quella intimità che caratterizza l'essenza dell'amicizia. Ogni occasione di incontro, così, svanisce. La filigrana di incontri si interrompe e, al suo posto, subentra l'opaca quotidianità fatta di maldicenza, di doveri, di piccole sopraffazioni, di chiacchiere.

CAPITOLO QUATTORDICESIMO

1 Quali sono i nemici dell'amicizia? Abbiamo già incontrato l'invidia, l'ambivalenza, il potere. Ma non sono i soli. Nella vita di tutti i giorni, veri nemici dell'amicizia sono anche le grandi strutture sociali fondate sull'utilità: l'organizzazione e il mercato.

Che cosa è una organizzazione? È una struttura sociale costruita in modo tale da realizzare i suoi obiettivi prescindendo dai fini e dai desideri di coloro che vi lavorano. La gente non va a lavorare in una fabbrica di scarpe perché ha una particolare passione per le scarpe, ma perché prende uno stipendio. Se, infatti, le offrono una retribuzione più alta, cambia volentieri lavoro. I sociologi hanno dimostrato che l'efficienza di una impresa è maggiore quando la gente è motivata al lavoro, quando lo fa volentieri. Ma questo non ha nulla a che fare con il condividere i fini dell'impresa. In ultima analisi fine dell'impresa è raggiungere dei profitti. I lavoratori possono anche essere totalmente indifferenti a che i proprietari facciano profitti. Ciascuno di loro va a lavorare per realizzare i suoi fini, le sue aspirazioni personali. L'organizzazione riesce ad utilizzare queste motivazioni personali divergenti per realizzare un unico obiettivo. In certi casi non è neppure necessario che coloro che lavorano ad una impresa sappiano qual è il loro prodotto. Il caso limite è rappresentato, probabilmente, dal progetto Manhattan. Nel 1942 il governo americano mise in piedi l'organizzazione che doveva produrre le bombe atomiche. Al progetto lavoravano migliaia di persone. Però erano solo pochissimi quelli che sapevano che cosa si stava, in realtà, producendo. Ci fu un momento in cui gli scienziati non sapevano se la reazione atomica sarebbe rimasta confinata al materiale fissile o avrebbe coinvolto l'atmosfera. Poteva essere la fine del mondo. Ma la gente dell'organizzazione lavorava, efficiente e serena, perché non sapeva nulla, non doveva sapere.

Nell'organizzazione gli uomini sono usati come mezzi, non come fini. Questo non vuol dire che, nelle organizzazioni, ci siano relazioni disumane, feroci. La gente, anzi, cerca di essere il più possibile gentile l'una con l'altra. Fra colleghi si instaurano relazioni amichevoli. I managers si danno del tu fra di loro. Però il fine dell'organizzazione non è il benessere di questo o di quell'individuo. Nell'organizzazione noi occupiamo dei ruoli e possiamo, perciò, essere sostituiti. Se non funzioniamo bene veniamo cacciati e rimpiazzati con qualcun altro che va meglio di noi. La legge dell'organizzazione è l'efficienza. La preferenza personale, la simpatia, la comprensione, se ostacolano l'efficienza, devono essere messe da parte. Questo non vuol dire, come vedremo in un altro capitolo, che non possa esserci amicizia anche nelle organizzazioni, ma che, per loro natura, le grandi organizzazioni sono state pensate proprio per evitare i legami particolaristici interpersonali. La vita lavorativa, di conseguenza, è quasi sempre faticosa, dura, frustrante. Non è la fatica fisica che conta, è la fatica morale, l'essere sempre mezzo, mai fine.

Nell'impresa, l'amicizia si costituisce, il più delle volte, come un corpo estraneo. Ciò di cui l'impresa ha bisogno è di relazioni amichevoli, di pronta ubbidienza. I rapporti di amicizia si adattano male alla competitività aziendale. Soprattutto fra superiori ed inferiori, fra managers e sottoposti. Il rapporto del politico col suo elettore può essere di amicizia, perché il loro bisogno è reciproco. Ci può essere amicizia fra l'avvocato e il suo cliente, fra l'architetto e il proprietario della casa. Ciascuno può apprezzare l'altro per le sue qualità personali e, nello stesso tempo, ciascuno rende all'altro un servizio. Nell'azienda le qualità personali devono invece, presto o tardi, lasciare il posto alle dure necessità oggettive, all'inesorabile logica dell'efficienza. In che modo, allora, il manager può essere amico e avere come amico un sottoposto? Solo quando il sottoposto sta con lui liberamente, per elezione, senza necessità. Quando è «come se» il manager fosse eletto, quando la sua legittimità è fondata sulla stima, sulla scelta, sulla preferenza, quando chi lavora per lui è orgoglioso di lavorare per lui. Questo è possibile per un certo periodo, oppure in piccoli gruppi. Per esempio nell'équipe scientifica affiatata. Più facilmente accade nell'impresa al suo sorgere. In questa fase i ruoli non sono ben definiti, c'è slancio, entusiasmo. Il potere non sta tutto da una parte, c'è interdipendenza, il senso di una comune avventura, di un comune destino.

Passiamo ora al mercato. In questo ciascuno guarda soltanto al proprio utile economico e deve fare i più attenti calcoli di costi-benefici se vuol sopravvivere alla concorrenza. Qualunque considerazione estranea a questa razionalità competitiva è pericolosa, e deve essere eliminata. Anche la riconoscenza. A ciascuno si deve dare ciò che è stato pattuito. Se un lavoratore è stato fedele per decenni, se ha dedicato tutto se stesso all'azienda, se l'ha amata, non ha diritto ad alcuna riconoscenza supplementare. Il mercato ignora ogni criterio di valore che gli sia estraneo. Anch'esso è, per definizione, incompatibile con l'amicizia. Eppure, nonostante questo, in concreto, la consente. La maggior parte delle persone che operano nel mercato non sono in concorrenza l'una con l'altra. Chi vende verdura non è in concorrenza con l'idraulico; il costruttore edile non è in concorrenza con il farmacista. Anche all'interno di uno stesso settore la concorrenza, in realtà, è locale e limitata ad una ristretta specializzazione. Il mercato crea interessi comuni, forti solidarietà e, infatti, ha sempre provocato il nascere di gilde, di corporazioni. La struttura di mercato crea, inoltre, innumerevoli occasioni di incontro sul piano personale e sul piede di parità, che è quello preferito dall'amicizia. C'è perciò molto spesso amicizia fra medici, fra fornai, fra farmacisti o fra avvocati. Si tratta di forme di solidarietà che si fanno strada dove cessa il calcolo concorrenziale, l'incubo dei costi-benefici.

2 Di tutte le società contemporanee quella che dà meno importanza all'amicizia e all'amore è la società americana. Per questo è ossessionata dal problema delle relazioni umane e dei conflitti interpersonali. Questa ossessione è aggravata dal fatto che le scienze umane e sociali che dovrebbero risolvere i problemi sono state influenzate, avvelenate dalla logica del mercato e delle organizzazioni. La cultura americana non riesce, in realtà, ad andare al di là dell'economia, qualunque sforzo faccia.[1] La tradizione psicologica utilitaristica e behaviorista cerca sempre, dietro le azioni, il calcolo, il vantaggio comparato. Questa tradizione, in sociologia, ha raggiunto la sua massima espressione con Erving Goffman. Goffman analizza tutte le relazioni interpersonali come ruoli teatrali.[2] Gli uomini si muovono, gli uni nei riguardi degli altri, come se ciascuno fosse il *public relation man* di se stesso. Ciascun uomo-impresa cerca, ogni volta, un vantaggio in termini di potere, di prestigio, oppure di stima, di affetto. Ogni relazione interpersonale, in questo tipo di analisi, è un lavoro in vista di un risultato. Si può perciò misurarne l'efficienza e l'inefficienza. Alcuni manuali di psicoterapia oggi di moda suggeriscono complicati test a cui sottoporsi per sapere se abbiamo agito ra-

1 Questo non vuol dire che non vi siano ricerche sull'amicizia. La produzione americana è anzi molto abbondante. Quello che manca a queste ricerche è la connessione teorica con i grandi temi della sociologia e della cultura.
2 Vedi, in particolare, Erving Goffman, *La vita quotidiana come rappresentazione*, Il Mulino, Bologna 1969.

zionalmente, cioè col minor dispendio di energie in rapporto ai fini.[3]

Questo tipo di psicologia e di sociologia, in sostanza, estende, al rapporto fra le persone, i tipi di criteri che dominano le relazioni fra ruoli impersonali. Applica, alle relazioni fra le persone, i criteri di analisi della concorrenza capitalistica. Il presupposto implicito è che l'individuo umano abbia, in definitiva, la stessa natura di una organizzazione o di un mercato. Poiché noi viviamo in una società di mercato e lavoriamo all'interno delle organizzazioni, in parte siamo plasmati proprio come un mercato e come una organizzazione. Ci comportiamo secondo ruoli prestabiliti e siamo i venditori di noi stessi. Ma è un errore gravissimo ritenere che, con la logica del mercato o dell'organizzazione, noi possiamo spiegare i nostri più segreti desideri e le nostre più profonde aspirazioni. Il mercato e l'organizzazione partono dal presupposto che gli attori sappiano che cosa vogliono. Vogliono massimizzare i profitti o a breve, o a medio, o a lungo termine. Il mercato e le organizzazioni sono parti oggettivate della attività umana dove i fini sono noti. Ma al di fuori di questi settori oggettivati, gli esseri umani — come scrive Veca — sono caratterizzati proprio dal fatto di non sapere quali sono i loro fini e di andarne alla ricerca.[4]

I rapporti descritti dalla sociologia economicistica o organizzazionale avvengono fra attori che sanno chi sono (oppure possono saperlo) e che sanno cosa vogliono (oppure possono saperlo). Invece la più profonda realtà umana è fatta di incontri in cui, chi si incontra, non sa chi è e non sa cosa vuole. È nell'incontro che cerca ciò che è e ciò che desidera. Più profondamente ancora possiamo dire che il

3 Un esempio allucinante di questa mentalità è dato dal libro di Zev Wanderer e Erika Fabian, *Far funzionare l'amore*, Rizzoli, Milano 1983.

4 Salvatore Veca, *Interesse e identità*, in AA.VV., *Ricerche politiche*, Il Saggiatore, Milano 1983.

valore delle cose non ci è noto, ci appare. Ci appare improvvisamente quando siamo sul punto di perderle o sono minacciate. Come quando un nostro caro è ammalato. Allora, in quel momento, noi ci rendiamo conto che quella persona ci è essenziale. Essa diventa un fine ultimo e, tutto il resto, un mezzo. Saremmo disposti anche a donare la vita per lei. Ancor più imprevedibile, sconcertante, è l'altra modalità con cui ci appaiono le cose dotate di valore. Per una specie di rivelazione, per conversione, come nello stato nascente dei movimenti, come nell'innamoramento. Noi, prima, non conoscevamo nemmeno quella persona. Non ha fatto nulla per meritare il nostro amore. Eppure siamo attratti da lei. Non possiamo farne a meno. È diventata per noi un fine ultimo.

3 La società moderna trasforma le virtù in prestazioni, gli ideali in servizi. Lo aveva già notato Adam Smith quando elogiava gli effetti della divisione del lavoro. Durkheim diceva che la solidarietà sociale, nel mondo moderno, non è tanto dovuta a ideali diffusi, quanto alla integrazione fra i ruoli. Chi è ammalato non ha bisogno di compassione, ma di un buon medico. Chi è disoccupato non ha bisogno di carità, ma di un sindacato efficiente. Funzionari, medici, terapeuti sono a nostra disposizione per identificare i nostri problemi e soddisfare i nostri bisogni. Manlio Sgalambro osserva, con stupore, che la civiltà, al suo compimento, ha realizzato tutti i valori un tempo sognati, ma sotto forma di cose. «L'uomo al di qua dello sportello e quello al di là si intendono benissimo, sebbene non si incontrino mai.»[5] I valori e i sogni dell'umanità nell'età della tecnica si realizzano perciò soltanto considerando gli uomini non fini, ma mezzi.

È vero. Nell'organizzazione ciascuno si fa strumento,

5 M. Sgalambro, *La morte del sole*, Adelphi, Milano 1982, pag. 181.

mezzo per una attività che soddisfa il bisogno di qualcun altro. Questa soddisfazione non dipende dalle sue intenzioni, dalla sua buona volontà, ma dal suo lasciarsi diventare perfetto ingranaggio della macchina. Ogni organizzazione chiede agli uomini di trasformarsi in funzioni. Il passo ulteriore non può più essere fatto con esseri umani. Nel momento stesso in cui, in una organizzazione, la divisione del lavoro è spinta al massimo e gli uomini si muovono come ingranaggi perfetti, allora essi possono essere sostituiti con delle macchine. Il lavoro alla catena di montaggio è stato razionalizzato, diviso, organizzato al punto tale da poter eliminare gli stessi uomini, sostituendoli con robot.

Lo sviluppo della civiltà, già prima dell'età industriale, anticipava quanto oggi vediamo in modo manifesto. L'organizzazione ha sempre prefigurato la sostituzione degli uomini con mezzi inanimati. Nelle navi i rematori che si muovevano all'unisono e con cadenza organizzata costituivano un motore vivente. Le virtù fondamentali dell'organizzazione — ubbidienza, precisione, pazienza, infaticabilità — sono realizzate alla perfezione dalla materia inerte. Ma anche virtù più elevate come l'imparzialità, la gentilezza, la sollecitudine, l'imperturbabilità trovano il loro compimento solo nell'elettronica. Soltanto un calcolatore ha la precisione sufficiente per dare sicurezza ad una centrale nucleare e, nello stesso tempo, la pazienza che basta per trovare un posto su un aereo e in un albergo ad un cliente irascibile. La fantascienza ha immaginato robot medici, funzionari, amministratori, sempre gentili, solleciti, disinteressati.

Le virtù, gli ideali, le qualità più sublimi si realizzano, perciò, distruggendo le motivazioni personali, superando i capricci, le debolezze, le imperfezioni degli esseri umani. La tappa ultima è il trasferimento del compito al computer, al robot. È difficile immaginare un santo senza alcun difetto, impossibile immaginare un santo senza alcuna tentazione. Possiamo invece facilmente immaginare un robot con tutte le virtù di S. Francesco e, in più, una lungimiranza che il santo non aveva. D'altra parte possiamo altrettanto bene immaginare un distruttore spietato che incarna, anche qui alla perfezione, ogni nostra volontà omicida. Le armi moderne sono la prima materializzazione di questa nuova versione del demonio.

È vero, noi abbiamo messo tutte le nostre virtù nelle organizzazioni, nei servizi e nei manufatti. Ma perché il nostro desiderio di virtù non è diminuito? Ogni prodotto è benvenuto, ma perché la spinta vitale e morale non si esaurisce in esso? Quando un commesso sorridente o un moderno computer ci danno ciò che desideriamo siamo contenti. Ma non ci basta. Dopo aver eliminato l'ostacolo rappresentato dall'uomo, noi abbiamo bisogno di ritrovarlo. Ogni tecnica ha senso solo come mezzo in relazione a esseri umani liberi e che, perciò, ci contrastano. La morale non è uno stato, ma *un rapporto con un ostacolo*. La gentilezza del robot non è, in realtà, nulla, perché la gentilezza, come virtù, presuppone l'irritazione, la noia, lo sgarbo da superare. Niente esiste senza l'ostacolo che la limita, quello che Vladimir Jankélévitc chiama l'organo ostacolo. «Qualunque tendenza,» egli scrive, «si sviluppa in opposizione alla tendenza inversa, alla tendenza antagonista che è, nello stesso tempo, il suo ostacolo e la sua risorsa, il suo freno e il suo motore... La contro-tendenza del disinteresse è la tentazione. La tentazione è l'intima contro-volontà della volontà buona, la buona volontà la proietta fuori di se stessa come la sua ombra... l'amore geloso ha bisogno della difficoltà esaltante che lo ostacola e, ostacolandolo, lo rende appassionato. La separazione, la distanza, l'assenza, gli impedimenti sociali, lo stesso odio, rendono patetico il sentimento e accendono il suo ardore romantico...»[6] La spinta incessante della vita produce la tecnica, ma la trascende continuamente. Noi siamo sempre al di qua e al di là. La nostra

6 Vladimir Jankélévitc, *Traité des vertues*, cit., pag. 20.

inquietudine, perciò, si fa beffe dell'ultima incarnazione tecnica della morale.

Per capire l'amicizia dobbiamo fare uno sforzo e sottrarci alla mentalità del mercato e dell'organizzazione. Dobbiamo sbarazzarci di una psicologia e di una sociologia che riproducono, dentro di noi, quel mercato e quella organizzazione. Non sto negando valore a queste cose. Sto solo dicendo che l'esperienza affettiva, per essere capita, richiede di guardare in un'altra direzione. Richiede un tipo diverso di linguaggio. Il linguaggio, scrive Hegel, deve avere discrezione nei riguardi dell'oggetto, deve rispettarlo. Deve aiutare la cosa stessa a parlare. Non può imporle le sue formule distorcenti. Il linguaggio dell'amore non è quello del costo-beneficio.

CAPITOLO QUINDICESIMO

1 Come può, allora, l'amicizia continuare ad esistere nel mondo moderno dominato da relazioni utilitarie? Si apparta? La vera amicizia è soltanto l'amicizia-rifugio dove possiamo essere noi stessi in un mondo inquieto? No, l'amicizia può benissimo fiorire dove è più intensa l'attività, dove si moltiplicano le relazioni fra le persone. È proprio quando siamo più pieni di fervore, quando siamo più attivi, che cerchiamo degli altri con cui fare la strada insieme. È in queste situazioni che noi andiamo alla ricerca di incontri significativi. E siamo felici quando riconosciamo uno come noi. È nei momenti di grande attività scientifica, economica, politica, nei momenti di grande creatività collettiva, che noi abbiamo bisogno di parlare, di confrontare le nostre idee. È in questi periodi che la gente fa progetti, collabora con entusiasmo, senza invidie, senza gelosie. Perché vi è una grande intensità vitale, perché ha l'impressione di poter superare con facilità gli ostacoli. In questo turbine di relazioni l'amicizia appare una scelta elettiva che potenzia l'individuo e lo trascende.

Per quanto riguarda l'efficienza professionale, tutti gli studiosi sono concordi nel ritenere che questa raggiunge il massimo nell'équipe affiatata. I circoli scientifici sono sempre stati essenziali al progresso della scienza. Anche i geni sono il prodotto di certe condizioni sociali. Vi sono dei periodi in cui una società produce moltissime personalità straordinarie e queste, spesso, sono in rapporto fra di loro. Possono essere in concorrenza o in antagonismo, spesso però sono amici. Durante l'umanesimo ed il rinascimento troviamo perciò un fiorire di cenacoli, accademie e forme di mecenatismo che sono anche forme di amicizia, come quelle fra Lorenzo il Magnifico ed Angelo Poliziano, fra Leonardo da Vinci e Lodovico il Moro. Lo stesso si ripete in Inghilterra nell'età elisabettiana o durante il periodo infuocato della rivoluzione e della restaurazione. L'illuminismo francese è un altro periodo di grande creatività e di intense relazioni sociali ed amicali. Pensiamo a Voltaire, Rousseau, Grimm, D'Holbach, Diderot e D'Alembert. Una situazione analoga la troviamo in Germania, col fiorire del romanticismo tedesco. È il momento dell'amicizia di Goethe e Schiller, di Kleist e Müller. All'inizio del secolo ventesimo l'effervescenza creativa si è spostata nella mittel-Europa e riguarda soprattutto gli intellettuali ebrei. Pensiamo al crogiuolo della grande Vienna,[1] e, poi, alle amicizie di Walter Benjamin e Gershom Scholem, di Horkheimer e Adorno.

La grande creatività, per fiorire, ha bisogno di comunità in movimento, mosse da grandi progetti e da profonde passioni, da violente inimicizie e da forti solidarietà. L'amicizia, come gli affari, come le ideologie, è anch'essa un prodotto di questa vita sociale più intensa. Anch'essa è connessa al confluire delle persone, al formarsi di una effervescenza, di una maggiore densità sociale e morale. È in questi periodi che avvengono gli incontri significativi.

Per questo è tanto importante il centro. Cos'è il centro? La metropoli internazionale della cultura rispetto alle altre città; ma anche semplicemente la città rispetto al villaggio; la piazza del paese anziché la casa isolata. La gente che vuol fare affluisce al centro. Chi vuol conoscere va al centro, tutti coloro che sono pieni di vita vanno verso il centro. Chi ha una invenzione o chi si sente di farla va al centro. Qui si scontrano le idee e il loro scontro ne moltiplica gli effetti, le trasforma in potere. Non parliamo del desiderio

1 A. Janik, S. Toulmin, *La grande Vienna*, Garzanti, Milano 1975.

individuale di potere. L'individuo può essere umile. San Francesco era umilissimo, ma stava accanto al papa in Italia, non faceva il contadino in Irlanda. E attenti, allora essere in Irlanda, se si era nella chiesa cattolica, voleva dire essere ancora vicino al centro, perché la chiesa era unica. Come oggi un leader comunista a Cuba, o in Nicaragua, o in Etiopia è al centro come se fosse fisicamente a Mosca. Chi fa parte del centro se ne può anche allontanare senza uscirne, senza perdere le sue connessioni. Uno scrittore americano può vivere nel deserto del Sahara. Un tuareg, anche se va a New York, resta all'estrema periferia.

Non è detto, intendiamoci bene, che, trovandosi in un centro, chi cerca possa avere degli incontri. Può anche non incontrare nessuno. Non basta andare, occorre anche far parte. Avere la possibilità di vedere le persone nel modo appropriato. Avere la opportunità ed il potere di suscitare in loro l'interesse in modo tale che essi accettino di fare con noi un pezzetto, sia pur piccolo, di strada insieme. James Boswell, lasciata la Scozia, è andato dapprima a Londra, poi a Utrecht, poi ha cercato di conoscere gli enciclopedisti. Ha parlato con Rousseau e con Voltaire. Era alla ricerca di qualcosa, di un modello, di una esperienza esemplare. Finché non ha incontrato Samuel Johnson, il grande letterato. Da quel momento la sua vita è rimasta segnata. Nascerà una profonda amicizia ed egli, scrivendo la biografia di Johnson, farà un'opera immortale.[2]

L'innamoramento trova il suo oggetto dovunque. Quando noi siamo pronti ad innamorarci, lo stato nascente investe la prima persona che incontra. Anche l'essere più stupido, più ignobile, purché sia lì nel momento giusto e faccia un minimo di gesti adeguati. L'amicizia, invece, va alla ricerca di un tipo particolare di persona e, se non la trova, non nasce. Le persone dotate di grande intelligenza e di grande talento possono, perciò, non incontrare mai, nella

2 James Boswell, *Vita di Samuel Johnson*, Garzanti, Milano 1982.

loro vita, coloro che sono al loro livello, che possono capirli, che possono aiutarli. Alcuni grandi uomini — pensiamo a Giambattista Vico e a Friedrich Nietzsche — hanno profondamente sofferto la solitudine spirituale a cui, per motivi diversi, sono stati condannati. Per questo l'amicizia, contrariamente alle credenze comuni, ha bisogno della folla, degli incontri, dell'effervescenza, del centro. Per trovare i suoi oggetti. Le *affinità elettive* non hanno alcuna importanza nell'innamoramento. Ne hanno invece una grandissima nell'amicizia. Ma solo chi vive nello stesso ambiente, parla la stessa lingua, appartiene allo stesso mondo, ha una concreta possibilità di incontrarsi.

2 È stata tanto sottolineata l'importanza della competizione nella vita economica, scientifica e culturale moderna. A me sembra che altrettanta importanza abbia l'amicizia, purché intesa in questo senso. L'amicizia come scelta entro il campo di solidarietà, come preferenza, come stare insieme fra coloro che vanno verso una mèta ha, in comune con l'amore, la meraviglia e la gioia di incontrare chi ci corrisponde. Noi siamo sempre esitanti. Il mondo è pieno di rivalità, di ostacoli, di invidie. In genere le gente non ci dà retta o non ci capisce. Noi stessi ci capiamo poco. Il desiderio di amicizia è perciò un desiderio di essere chiamati, apprezzati per quanto facciamo, capiti. Quando incontriamo chi può insegnarci qualcosa, chi può aiutarci, siamo felici, ma temiamo di non avere nulla da dargli. Parliamo, parliamo, ma non sappiamo se egli è veramente interessato. A volte è così. Una persona con cui desideravamo tanto confrontarci, è totalmente indifferente ai nostri discorsi, si annoia, ci sopporta solo per educazione. Per questo motivo la reciprocità è una «grazia», come la risposta dell'amato. La qualità dei sentimenti è diversa, diverso il processo che ne segue. Ma identica è l'esperienza di gioia, di miracolo. Allora il mondo ci appare stupendo e sovrabbondante.

Nei periodi di grande intensità sociale, al centro dei sistemi sociali, sono però anche frequenti le delusioni. È anche presente la competizione e l'invidia. Abbiamo già parlato dell'invidia. Dobbiamo tornare sull'argomento distinguendone due tipi. La prima, per identificazione, mi porta ad essere come chi è meglio di me. Voglio essere al suo posto. Lo apprezzo, lo stimo, desidero ciò che lui ha. È attraverso di lui che io mi accorgo di che cosa è importante, di qual è il mio vero desiderio. Colui che ammiro è un rivelatore del mio desiderio. L'invidia è lo strumento con cui il mio desiderio mi si rivela. Da questa situazione può nascere il conflitto invidioso, la mimesi violenta. Ma se l'altro, invece di contrastarmi, mi aiuta a realizzare il mio desiderio? Se l'altro rinuncia a mio favore? Allora non solo mi rivela il mio desiderio, ma si mette dalla mia parte, lo riconosce come inconfondibilmente mio e mi aiuta a realizzarlo. È questa la prova di amicizia. Supponiamo che io sia innamorato. Mi accorgo del mio amore proprio per le punte di gelosia che provo verso qualcuno che ammiro. Lo temo, lo odio. Ma lui, anziché approfittarne, si fa da parte, riconosce il mio amore e mi aiuta a realizzarlo. In questo modo evita il conflitto, e fa sorgere l'amicizia più vera. Perché lui mi ha rivelato ciò che desideravo e mi ha aiutato ad ottenerlo. Questa amicizia è uno scontro mortale evitato.

L'amicizia che nasce nel clima di effervescenza, spesso, è di questo genere. Noi possiamo diventare amici proprio della persona che avremmo potuto invidiare e temere, quella con cui tendevamo a entrare in competizione, perché la sentivamo superiore. E forse lei provava lo stesso per noi, anche se non sullo stesso piano, ma su un altro vicino. Diventa così amico colui che avrebbe potuto ostacolarci nel raggiungere la cosa a cui più tendevamo — l'amore, il successo, il riconoscimento — e non l'ha fatto. Non lo ha fatto mai, neppure una volta, perché ha deciso così. Non dobbiamo confondere questa amicizia con quella provata per un collega, un pari grado nel nostro stesso campo, e che stimiamo. In questo secondo caso c'è ammirazione affettuosa, stima reciproca, ma manca quell'elemento di pericolo e di passione che c'era nel primo. È mettendo in gioco la nostra vita che, alla fine, troviamo l'amico. Noi lo temevamo, abbiamo fatto di tutto per ingraziarcelo, per indurre in lui una benevolenza nei nostri riguardi. L'abbiamo ammansito, abbiamo distolto la sua attenzione, gli abbiamo chiesto, in sostanza, di rinunciare a nostro favore. Lo abbiamo manipolato, perfino ingannato. Eppure ora siamo amici. Perché? Perché non è stato il nostro inganno a fermarlo, ma la sua benevolenza, la sua generosità. Lui era totalmente libero ed ha risposto mettendosi dalla nostra parte. Egli è stato generoso, nobile. Era potente e non ha usato la sua potenza. Ha addirittura amato il suo nemico, cioè noi e noi, di converso, ora amiamo lui.

C'è, invece, un secondo tipo di invidia che distrugge il suo oggetto. Una invidia che non ammira, che non esalta, ma che abbassa, avvilisce. È tutto il contrario della prima. Nella prima io vedevo la superiorità dell'altro, volevo essere come lui. Nella seconda desidero la sua rovina. Mi convinco che lui è, in realtà, incapace. Spiego ciò che fa e il successo che ha con motivazioni meschine. La prima invidia innalza, abbellisce, la seconda abbassa, avvilisce. E non importa se la seconda è un modo di difendersi dalla prima. Il risultato è una degradazione. L'invidioso del primo tipo è pieno di ammirazione e di stupore, soffre e vorrebbe essere diverso da ciò che è, migliore, più alto. Il secondo è bilioso, critica tutte le cose, è scettico, cinico. La prima mi rivela i desideri veri e profondi, l'altra me li nasconde e mi acceca. Dalla prima può nascere l'amicizia. Dalla seconda no.

3 Noi usiamo l'espressione «un uomo di fiducia». Diciamo: «Vi ha messo un suo uomo di fiducia.» Fin qui non vuol dire un amico. Può essere semplicemente un uomo

competente. Eppure spesso noi, quando dobbiamo fare qualcosa ed abbiamo bisogno di «persone di fiducia», cerchiamo essenzialmente degli amici. Andiamo alla ricerca degli amici che stimiamo di più, che ci sono più leali. Certo, pensiamo anche ad altre persone, gente legata a noi da vincoli di dipendenza o di interesse. Ma, prima di tutto, pensiamo agli amici. Non si incomincia una grande impresa da soli. Non possiamo fare soltanto affidamento sulle persone competenti, ma di cui non conosciamo le altre qualità.

Ricorreremo anche a costoro, ma noi siamo sicuri soltanto quando c'è qualcuno che può restare al nostro posto senza di noi, di cui ci possiamo fidare come di noi stessi. E questo deve essere un amico. In queste occasioni noi pensiamo alle persone con cui abbiamo lavorato nel passato, e sentiamo risvegliarsi il desiderio di rivederle. Questo è un vero ricementare l'amicizia. Nell'azione, nel costituire una forza solidale che agisce nel mondo.

Tutte le imprese richiedono slancio di vita, hanno fame di vita. Gli amici ci sono indispensabili per realizzare questa forza vitale, per costituire la massa critica capace di sperare, di credere, di fare scaturire l'azione. Con loro possiamo ritrovare uno slancio che avevamo già vissuto. Per questo raccogliamo attorno a noi gli amici con cui abbiamo compiuto altre imprese. Non è però il «ti ricordi?» che cerchiamo, ma proprio il riprendere le cose dal punto in cui le avevamo lasciate. Ogni nuova impresa riprende un'opera interrotta, anche se in un altro campo, su un altro piano. Riprende ciò che era stato abbandonato nel sonno del compromesso, della banalità, quando avevamo perso lo slancio. Ogni nuova impresa porta a compimento. Napoleone, nella sua guardia, aveva i veterani delle sue battaglie. Nei cento giorni ha richiamato e ritrovato i suoi generali. Non per commemorare ma per continuare, per portare a termine.

4 La vita è caratterizzata da un conflitto profondo, insanabile fra personalizzazione e impersonalità, fra vantaggio anonimo e vantaggio che mi viene da una persona dotata di valore. Il guadagno può venire da chi non ha valore. Gli ebrei hanno sempre commerciato con i gentili. Lo facevano per avere il loro denaro, non la loro stima, la loro approvazione. L'utile si definisce al di fuori del valore del contraente. Ma se io voglio il valore, se quella persona deve aver valore ed io voglio un riconoscimento di valore, allora sono fuori dalle leggi del mercato. C'è gente che sostiene che oggi il mercato governa ogni cosa perché tutto è diventato merce. Sciocchezze. Utilità e valore sono due universi paralleli oggi come ieri. Ed è soltanto il mondo del valore che ci dà le gioie più profonde ed i dolori più amari.

Personalizzando le relazioni, mettendo in gioco l'autostima, il bisogno di riconoscimento, andiamo infatti incontro a frustrazioni che, nelle relazioni di mercato, non ci sarebbero. Se io passo davanti ad una vetrina senza guardare (o perché ho altro per la testa, oppure perché non ho bisogno di quella roba, oppure perché gli oggetti esposti non mi piacciono) il venditore non ha motivo di sentirsi offeso, menomato. Ma se noi siamo amici, se egli si aspetta che io guardi, se ha preparato la vetrina apposta per attirare la mia attenzione, allora ci resta male! Se io faccio una cosa per tutti, il comportamento di un individuo non mi interessa. Ma se la faccio per lui, il suo interesse è fondamentale. L'amicizia è sempre personale e richiede una verifica personale. Più ci affidiamo ad essa, più rischiamo una delusione.

Nell'amicizia aspetto che mi venga dato qualcosa senza che lo debba conquistare con l'inganno e con la frode. Che mi venga dato per il mio valore. Solo con gli amici possiamo avere questo atteggiamento. Degli altri siamo sicuri che, finché siamo utili, tutto va bene, ma non appena (nel preciso istante in cui) non lo siamo più, veniamo messi da parte. Non siamo stati scelti per noi, ma solo perché servivamo. Dopo ci può essere solo quella compassione atroce: «Poveretto, lo tengo qui perché mi fa pena. Non so come dirgli che ormai è inutile. È un poveraccio, cerco di aiutarlo.» Questa compassione è il contrario della stima, la stima spontanea e splendente dell'amicizia.

5 Nell'amicizia che è strettamente mescolata all'azione, nell'amicizia che è fare qualcosa insieme, non ci può essere solo piacere e basta. Ci saranno anche delle frustrazioni, dei disappunti, amarezza. Un rapporto professionale, un compito collettivo, creano divergenze, punti di vista diversi. Non si può capire l'amicizia se non si tiene presente che essa è sempre anche un superamento di questi contrasti e di queste difficoltà. È sbagliato dire che l'amicizia, se non dà piacere, termina subito. In realtà nei rapporti amicali concreti noi incontriamo una certa dose di pena. Se due amici non hanno rapporti professionali, se si incontrano solo occasionalmente, liberi da ogni impegno, il loro rapporto è affidato al succedersi degli incontri. Ma se il nostro amico lavora con noi e, per esempio, non fa una cosa che noi ci aspettavamo, proviamo una fitta di dispiacere e si affaccia l'ombra di un dubbio: «Ma perché si comporta così? Se fosse veramente mio amico non lo farebbe.» Le amicizie professionali, perciò, possono essere punteggiate da episodi di dubbio, di collera, tanto da assumere, talvolta, un aspetto capriccioso, come quello fra due amanti. Quando noi vogliamo amare e stimare coloro con cui lavoriamo, siamo automaticamente più vulnerabili. Questo bisogno è più forte, in genere, nel campo artistico o scientifico. È qui, perciò, che si sentono più frequentemente dichiarazioni di amicizia e, nello stesso tempo, tante dichiarazioni ciniche, prodotte dalla delusione.

A volte basta poco per produrre una delusione. Un ritardo nel pubblicare un articolo, un lavoro dato ad un altro, il fatto che il nostro amico non è venuto ad un nostro ricevimento. L'intreccio con l'utile e l'interesse, il crearsi di poteri, impediscono quella serenità olimpica a cui l'amicizia aspira. Per questo c'è chi sostiene che l'amicizia è praticamente impossibile nel mondo professionale. Secondo costoro può esistere solo nel tempo libero, al di fuori di ogni legame di interesse, di ogni rapporto di dare e avere, di necessità, di potere. Ma una amicizia di questo genere sarebbe totalmente staccata dalla vita, strappata dalle sue radici. L'incontro non è una evasione dal mondo, è un andare avanti, un capire più profondamente. Questo richiede, certo, una capacità di isolarsi, di appartarsi. Il momento più tipico dell'amicizia in un party è quando i due amici si appartano e dimenticano tutto il resto. Ma ciascuno deve, poi, inserirsi di nuovo nella vita sociale. L'appartarsi è una rottura delle regole, una trasgressione. Ma l'amicizia implica anche il rispetto delle regole. C'è, quindi, una dialettica personale-sociale, trasgressione-rispetto. Ogni termine implica l'altro. Anche la sovrana indifferenza dell'amicizia ha bisogno del suo organo-ostacolo. Il disinteresse ha bisogno degli interessi da tenere a freno, da superare. L'ammirazione reciproca ha bisogno dei piccoli fallimenti quotidiani. Nella relazione professionale il disappunto, la delusione, l'interrogarsi sono, nello stesso tempo, ostacoli e condizioni di esistenza dell'amicizia. L'amicizia fondata sull'azione non è uno stato permanente di sicurezza beata. Ma nessun sentimento forte è uno stato permanente di sicurezza beata. Esso esiste solo in quanto sa superare l'ostacolo, vincere il dubbio.

È vero, ogni amicizia, anche l'amicizia attiva, aspira, nel profondo, alla serenità olimpica, all'incontro sereno, senza ostacoli. L'attività, perciò, costituisce l'organo-ostacolo dell'amicizia, quello con cui si deve confrontare e contro cui si deve realizzare. Allora quello che è il desiderio fondamentale dell'amicizia — l'incontro — viene ottenuto nella pausa, quasi occasionalmente. Eppure è questo la sua verità.

CAPITOLO SEDICESIMO

1 In quasi tutti i libri che trattano dell'amicizia si parla delle grandi coppie di amici dell'antichità. Patroclo e Achille, Oreste e Pilade, Eurialo e Niso, Armodio e Aristogitone, Damone e Finzia. Sono amicizie eroiche e guerriere che non si trovano più nell'epoca moderna. Di qui l'impressione che, oggi, non ci sia più la vera amicizia, che questa appartenga ormai irreparabilmente al passato. È un'impressione illusoria. Le forme in cui si manifesta l'amicizia variano nel tempo. L'antichità ci ha lasciato il ricordo di giovani guerrieri perché la guerra era, allora, la più nobile delle arti maschili. Dobbiamo inoltre tener presente che tutti i personaggi ricordati sono, in realtà, figure letterarie, personaggi inventati. Patroclo e Achille sono due eroi dell'*Iliade*, Oreste e Pilade dell'*Orestiade* di Eschilo, Eurialo e Niso appaiono nell'*Eneide*, Damone e Finzia sono due personaggi leggendari citati da Cicerone. Si tratta perciò di immagini ideali, di trasfigurazioni di una realtà che era, senza dubbio, diversa. Quando Cicerone, nel *De Amicitia*, ci presenta il mondo romano della sua epoca, vediamo che le esperienze di quel mondo non sono sostanzialmente dissimili dalle nostre.

Oggi comunque, per cercare i tipi esemplari di amicizia, non dobbiamo pensare ai guerrieri. La guerra non è una attività abituale e non è certo la più nobile delle attività virili. Per giudicare se, nel mondo moderno, ci sono forme di amicizia esemplare dobbiamo abbandonare ogni confronto coi miti del passato ed osservare, invece, la realtà con occhi attenti, senza pregiudizi. Ci accorgiamo, allora, che esistono anche nel nostro mondo nobili figure di amici, casi di amicizia che sono durati tutta una vita, e che hanno avuto un peso nella storia. Il caso più ovvio ed importante è quello di Marx ed Engels. La loro amicizia risale al 1844. Engels aveva allora ventiquattro anni, Marx ventisei. Si erano incontrati brevemente a Colonia, e avevano collaborato alla stessa rivista. Perciò si conoscevano, ma non era mai avvenuto fra di loro l'incontro rivelatore, quello da cui nasce la vera amicizia. Questo accadde a Parigi dove restarono insieme dieci giorni. Fu un periodo straordinario ed entusiasmante. Incominciarono immediatamente a lavorare insieme al libro che sarebbe poi uscito col nome *La sacra famiglia*. Nell'anno successivo Engels raggiunse Marx a Bruxelles e qui stesero insieme *L'ideologia tedesca* e, nel 1848, il *Manifesto del partito comunista*, il libro che doveva influenzare la storia del mondo. Marx ed Engels erano complementari tanto nel carattere quanto nel pensiero. Fu Engels che insegnò a Marx i primi elementi dell'economia, gli descrisse le condizioni del proletariato perché le conosceva direttamente. Fu lui che diede a Marx la chiave economica per rovesciare l'idealismo hegeliano. Marx riuscì, invece, a dare forma sistematica alle intuizioni dell'amico, a costruire la rigorosa dimostrazione di ciò che l'altro intravvedeva. Marx stesso scrive ad Engels «tu sai come io sia lento ad afferrare le cose, e come segua sempre le tue orme». D'altra parte Engels trovò in Marx il suo maestro spirituale ed amò sempre presentarsi come il comprimario, il secondo violino dell'amico. Nel 1850 Engels prese la decisione di tornare a lavorare nella ditta Ermer & Engels di Manchester, fondata dal padre. Come assistente generale guadagnava cento sterline all'anno e, con quel denaro, mantenne Marx e la sua famiglia per diciannove anni. Era un lavoro che non amava e che faceva per permettere all'amico di dedicarsi al suo grande compito, la stesura de *Il capitale*. Quando, finalmente, nel 1859, poté lasciare il lavoro e tornare all'attività politica e di studio, si sentì rinato. Engels era un cacciatore entusiasta, un camminatore instancabile, un gran bevitore, e sempre sereno. Anche nel periodo in cui lavorava riuscì a scrivere diverse cose che Marx ammirava profondamente. Però non pubblicò nulla a suo nome per non entrare in conflitto con il padre e, quindi, col pericolo di non poter più aiutare l'amico Marx. Marx, d'altra parte, faceva di tutto per non pesare sull'amico, lavorava in modo forsennato e accettava le maggiori ristrettezze. Gli chiedeva aiuto solo eccezionalmente e allora, pieno di tristezza, si lamentava di essere un fardello per lui. Ci fu solo un momento in cui la loro amicizia parve incrinarsi. Era morta Mary Burns con cui Engels aveva vissuto per vent'anni e Marx, tutto assorbito dai suoi problemi economici, si limitò a mandare una lettera di circostanza. Engels ne fu offeso e glielo scrisse. Marx ebbe allora il coraggio di dirgli tutte le sue ansie, sinceramente, schiettamente, ed Engels fu ben felice di ritrovare l'amico. Come Engels era sereno, Marx era tormentato. Come Engels scriveva con fluidità, in modo costante, Marx aveva dei raptus distruttivi e creativi. Si fidava però completamente di Engels in tutte le cose, dai problemi familiari a quelli politici. Questa fiducia era ben posta. Alla sua morte, nel 1883, Engels si dedicò a mettere ordine nelle innumerevoli e caotiche carte de *Il capitale*. Il secondo volume era molto avanzato ed Engels potrà scriverne l'introduzione nel 1885. Per il terzo e il quarto volume, invece, gli occorse uno sforzo enorme. E poté pubblicare solo il terzo.[1]

L'amicizia fra Marx ed Engels, ed in particolare la dedizione di Engels, non possono essere fatte rientrare nell'entusiasmo che si stabilisce fra i compagni di un movimento. Certamente questa amicizia nacque come movimento.

1 Sull'amicizia fra Marx e Engels vedi: Gustav Mayer, *Friedrich Engels*, Einaudi, Torino 1969; Yvonne Kapp, *Eleanor Marx*, Einaudi, Torino 1977; Auguste Cornu, *Marx e Engels*, Feltrinelli, Milano 1971.

L'incontro del 1844 fu, per entrambi, un vero stato nascente. Essi si autoproclamarono i capi del partito comunista. Erano, perciò, due capi carismatici, centro e guida di un movimento di importanza europea. Eppure essi avevano, l'uno nei riguardi dell'altro, un rapporto rigorosamente personale che non venne mai mistificato dall'ideologia. Nessuno idealizzava l'altro, lo trasfigurava. Si stimavano e si apprezzavano profondamente, ma ciascuno conosceva e cercava di correggere le debolezze dell'amico, in modo da aiutarlo. Nel corso degli anni questo rapporto si fece ancora più intimo e profondo. I due amici avevano un ideale comune: la rivoluzione proletaria, ma erano due personalità separate, che cercavano in modo complementare la strada da seguire. Non sempre erano d'accordo nella diagnosi della situazione. Ma questo fu un vantaggio, perché ciascuno correggeva gli errori dell'altro. Essi compirono, perciò, una vera ricerca insieme. Il risultato di questa ricerca è stato qualcosa di unitario. La storia ci ha trasmesso il loro pensiero come un tutto unico: il pensiero di Marx ed Engels.

2 Marx ed Engels costituiscono un esempio di cosa sia una grande amicizia moderna, un'amicizia spirituale. C'è stato, fra i due, un arricchimento reciproco, una complementarietà. Un fenomeno analogo si è ripetuto numerose volte. Nell'introduzione al carteggio fra i due famosi giuristi tedeschi Rudolf von Jhering e Carl Friedrich von Gerber, Mario Losano scrive: «Alle origini della Scuola storica del diritto è l'amicizia, durata una vita, tra il romanista Savigny e il germanista Eichorn. Alla sua conclusione è l'amicizia, durata pure una vita, tra il romanista Jhering ed il germanista Gerber.»[2] Anche Jhering e Gerber erano complementari. Prima della loro collaborazione, i germanisti ed

2 *Carteggio Jhering-Gerber 1849-1872*, a cura di Mario G. Losano, Giuffré, Milano 1983.

i romanisti erano divisi ideologicamente. Gli studiosi del diritto tedesco erano nazionalisti, volevano combattere l'influenza romana, affermare la superiorità della cultura teutonica. In questo modo gli studi non progredivano. L'amicizia fra Jhering e Gerber ha superato l'incomprensione ideologica e ha reso possibile lo sviluppo di un unico metodo e lo studio comparato dei due diritti. Ciascun amico conosceva il punto di vista dell'altro, lo apprezzava. In questo modo poteva identificare ciò che spettava a ciascuno dei due. Sul piano del diritto, l'identificazione di ciò che era specifico del diritto romano, di ciò che era specifico del diritto tedesco, e di ciò che era comune ad entrambi. Questo senza che Jhering e Gerber lavorassero insieme, e nemmeno sullo stesso materiale. Sono stati la mutua comprensione e la comunanza del metodo, a rendere possibili questi risultati.

Ciò che colpisce in queste amicizie spirituali è che ciascuno si sente profondamente diverso dall'altro e ammira proprio ciò che l'altro ha di diverso da lui. Nel rapporto fra Jhering e Gerber, è Jhering quello che, negli scritti, esprime la sua ammirazione in modo più forte: «Non di rado mi imbarazzava la sensazione di quanto Ella (Gerber) mi è superiore per rapidità di concezione, per facilità ed autentica eleganza di esposizione; sentivo il troppo grande divario fra noi due perché questo sentimento non dovesse di quando in quando rendermi d'impaccio... Ella è davvero un uomo degno d'invidia, ottimo Gerber, come pochi mi è capitato di vederne, e non so cosa darei se Ella potesse cedermi solo una parte del suo splendido talento.»[3] Jhering è entusiasta dell'amico ed ha spesso espressioni enfatiche di questo genere. Gerber è più pacato. Però le sue risposte sono forse ancora più incisive. Jhering era molto insicuro, si tormentava per la fatica che incontrava nel dare forma ai suoi pensieri, ed aveva una penosa impressione di isola-

3 *Ibidem*, pag. 30.

mento. In una lettera Gerber gli spiega che le sue difficoltà di espressione sono la conseguenza del fatto che è un innovatore, che scrive in un campo in cui non ci sono modelli e precedenti: «Ella non ha alcun sostegno esterno, sistema, ecc. al quale Ella possa appoggiarsi. Dappertutto Ella deve costruire, per primo e da solo, la casa con stalla e legnaia...»[4] In seguito gli dirà: «Mi sono già reso conto che non si cattiverà i nostri vecchi pedanti: ma tanto più Ella influirà sulla generazione ventura. Quanto mi rallegro nel vedere che il suo libro qui è nelle mani di molti studenti e viene letto con entusiasmo!»[5] Gerber sa che Jhering è un grande giurista ed è felice di sentirsi compreso da lui. Nell'amicizia spirituale ciascuno fa uno sforzo per elevarsi all'altezza dell'altro e si sente aiutato in questo sforzo.

Nell'amicizia spirituale la virtù è perciò anche *areté*, eccellenza. Ciascuno ammira, è affascinato dall'eccellenza dell'altro. In questo modo dà, all'altro, il riconoscimento più ambito: essere apprezzati e capiti da chi ha titoli per farlo.

Ma come mai l'amico ha titoli per farlo? Noi vogliamo il riconoscimento di coloro che sono istituzionalmente investiti del potere di giudicare. Il bambino vuole l'approvazione del maestro o dei genitori. Via via, nella vita, incontriamo altri collegi giudicanti appropriati: i superiori gerarchici, i critici artistici, le commissioni dei concorsi. Anche il pubblico e il mercato sono giudici validi: essi decretano il successo e l'insuccesso. Viceversa non sono giudici validi coloro che stanno pregiudizialmente dalla nostra parte, coloro che non applicano criteri universalistici, coloro che, nei nostri riguardi, hanno una preferenza a priori. Gli amici non appartengono a questa categoria? Essi non sono i nostri giudici autorizzati, stanno anzi dalla nostra parte. Perché, allora, noi abbiamo tanto bisogno del loro giudizio e della loro approvazione? Per consolarci, per compensare le fru-

4 *Ibidem*, pag. 48.
5 *Ibidem*, pag. 57.

strazioni del mondo esterno? Ma in questo caso l'amico non darebbe un giudizio obiettivo. Noi, invece, da lui vogliamo proprio un giudizio onesto, imparziale. Quando Gerber scrive a Jhering che la sua difficoltà è la conseguenza del fatto di essere un innovatore, dice una cosa esatta. Dà, all'amico, un riconoscimento meritato e che gli altri non gli avrebbero mai dato. Grazie a questo riconoscimento Jhering trova la forza di continuare nella sua ricerca in una regione inesplorata del diritto. È sempre questa la chiave per comprendere il significato del giudizio dell'amico nella amicizia spirituale. L'amico è l'unico in condizione di giudicare perché è l'unico obiettivo. L'innovatore, l'eroe, è solo. Ogni volta che facciamo qualcosa di eccezionale non veniamo né capiti né creduti. È una regola. Ciò che ha un grandissimo valore viene accolto esattamente come ciò che non ne ha nessuno. La società è pronta a riconoscere soltanto ciò che sta in mezzo. Questa regola non soffre eccezioni. Anche chi pensi che possa capire, in genere non capisce, ti delude. Tutti vogliono sempre qualcosa nell'ordine dell'intermedio. Lo straordinario è incomprensibile, appare inconsistente, si presenta come qualcosa al di sotto dell'accettabilità. Il divino ed il demoniaco sono prossimi. Di fronte ad una manifestazione straordinaria la chiesa si chiedeva: è Dio o il demonio? E, nel timore che fosse il demonio, preferiva condannare il veggente.[6]

L'innovatore (e ciascuno di noi, in un certo ambiente ed in un certo momento della sua vita, è un innovatore) va avanti in mezzo a continue difficoltà, che gli vengono dall'esterno e dall'interno. Dall'esterno perché gli altri non capiscono. Non possono capire perché non vedono il risultato. Lui solo lo intravvede. Ma le difficoltà vengono anche dall'interno, perché è preso da dubbi. Chiede un giudizio proprio perché vuol essere sollevato da questi dubbi. Il mondo esterno, però, non può aiutarlo, anzi non può fare

6 Vedi L. Bonin, *La gabbia divina*, Ed. G.O., Roma 1979.

altro che ostacolarlo. Tutti i giudizi che dà lo distolgono dal fine, aumentano le sue incertezze. L'eroe deve difendersi da questi giudizi, deve chiudere gli occhi e gli orecchi. Ma, in tal modo, il suo pericolo aumenta. Ed ecco il ruolo dell'amico. L'amico è oggettivo, capisce il mondo esterno, ma condivide anche la meta dell'eroe. Sa che le sue azioni non sono insensate. Egli solo, proprio perché è a cavallo fra le due realtà, può aiutarlo. Gli può dire dove sbaglia, ma lo può anche rassicurare quando è preso dal dubbio e dallo sconforto.

3 Jhering e Gerber, pur essendo rimasti amici per tutta la vita, non hanno mai collaborato quotidianamente, non hanno mai scritto insieme libri, non hanno mai nemmeno vissuto nello stesso posto. Marx ed Engels hanno avuto dei periodi di vita in comune e degli altri periodi in cui, pur restando in stretto rapporto, le loro attività erano molto diverse. Vi sono anche dei casi in cui due amici hanno lavorato insieme per quasi tutta la vita. I due celebri sociologi Max Horkheimer e Theodor Adorno si sono conosciuti a Francoforte dove Horkheimer dirigeva l'Istituto di ricerche sociali. Con l'avvento del nazismo l'intera «scuola di Francoforte» si trasferì negli Stati Uniti dove Horkheimer e Adorno continuarono la loro collaborazione. È di questo periodo infatti l'opera *La personalità autoritaria.* Con la fine della guerra entrambi ritornarono in Europa.

Si tratta, comunque, in tutti e tre i casi esaminati, di amicizia spirituale. I due amici restano personalità ben distinte. L'amicizia serve anzi a completare la personalità di ciascuno, a portare a termine l'individuazione. Cosa dobbiamo allora pensare di quelle forme di amicizia in cui i due amici, oltre a collaborare tutta la vita, nascondono addirittura la loro individualità? Prendiamo, come esempio, quello di Frederic Dannay e Manfred B. Lee. I due erano cugini e lavoravano in campi affini. Nel 1928 parteciparono ad un concorso per un romanzo giallo con lo pseudonimo Ellery Queen. Da allora lavorarono sempre insieme, producendo trentatré romanzi con Ellery Queen, più altri romanzi con un diverso protagonista ed innumerevoli racconti. Nessuno di loro pubblicò mai un lavoro sotto il suo vero nome o con un diverso pseudonimo. Dopo la morte di Manfred B. Lee, nel 1971, Dannay continuò a curare la rivista «Ellery Queen Mistery Magazine». Nel 1979, in occasione del cinquantesimo anniversario della pubblicazione del loro primo romanzo, questa rivista lo intervistò e gli domandò quale era stata la natura della sua collaborazione con Manfred B. Lee, quale il loro specifico contributo personale. La risposta fu questa: «Non posso dare una risposta esauriente perché Manny ha voluto sempre mantenere il segreto sul nostro metodo di lavoro. Ho tenuto il segreto quando lui era ancora vivo e non mi sembra leale svelarlo ora che lui non c'è più.»[7] In questo caso agiscono probabilmente due fattori che interagiscono. Uno è economico o di marketing. Quando Ellery Queen ha avuto successo, i due autori sono stati costretti a tenerlo in vita. È avvenuto lo stesso ad autori singoli. Pensiamo a Sir Arthur Conan Doyle e ad Agatha Christie. Una volta nata, l'impresa Ellery Queen richiedeva, a coloro che vi collaboravano, di dimenticare i personalismi. La spiegazione di marketing però non basta. Dobbiamo tenere presente anche che i due autori erano cugini (figli di due sorelle) ed erano cresciuti insieme nell'ambiente dei poveri immigrati polacchi. Il successo di Ellery Queen è stato realmente la nascita di una nuova personalità per entrambi. Non soltanto la loro impresa, ma la loro vita, la loro identità hanno finito per dipendere da Ellery Queen. Possiamo allora continuare a parlare di amicizia? Non ci troviamo piuttosto di fronte ad una fusione simbiotica, all'edificazione di una entità collet-

7 Vedi *Dossier Ellery Queen*, in Giallo Mondadori n. 1761, Mondadori, Milano 1982, pagg. 120-139.

tiva in cui i singoli individui scompaiono? Non credo si debba arrivare a questa conclusione. Certo, ci troviamo di fronte ad un caso limite, ma si tratta ancora di amicizia. Essi, per quanto ci consta, sono sempre andati d'accordo. Si stimavano reciprocamente. Non c'era fra di loro un superiore ed un inferiore, non c'era squilibrio di potere. Hanno conservato sempre freschezza e spirito creativo. Si sono rinnovati, hanno inventato formule nuove. Il fatto che preferissero tenere il silenzio sui loro contributi personali era, forse, anche un modo per evitare pettegolezzi e speculazioni, per far fallire, immediatamente, qualunque tentativo di dividerli, di metterli in conflitto l'uno con l'altro.

CAPITOLO DICIASSETTESIMO

1 Abbiamo parlato delle grandi amicizie spirituali. Ci sono però altre amicizie che durano tutta la vita e che non sono caratterizzate da una attività creativa in comune e dall'intensità degli incontri. Sono gli amici su cui noi siamo abituati a fare sempre e comunque affidamento, un po' come se fossero dei familiari. Capita perfino che i bambini li chiamino zio e zia, perché hanno incominciato a chiamarli così quando erano piccini e non si poteva spiegare loro la differenza fra uno zio e un amico. Nelle zone in cui non c'è grande mobilità sociale, possono essere addirittura degli amici d'infanzia, con cui abbiamo fatto insieme le scuole e, poi, talvolta, l'università. Più spesso, nelle nostre società, sono persone che abbiamo conosciuto da giovani, quando era ormai determinato il nostro campo professionale e la nostra residenza abituale. Mentre le grandi amicizie spirituali possono continuare anche a distanza, sono, anzi, totalmente indifferenti alla distanza, queste amicizie si alimentano e crescono nella prossimità. Richiedono di vivere vicino, di avere occasione di vedersi, di farsi dei favori a vicenda, di chiedersi reciprocamente aiuto o anche, semplicemente, di andare al cinema insieme, o di chiacchierare. In genere queste amicizie, caratterizzate dalla familiarità, si appoggiano su qualche occasione regolare di incontro. Può essere il vicinato puro e semplice, oppure una occasione professionale. Due colleghi che lavorano insieme nella stessa impresa da moltissimi anni hanno queste occasioni di trovarsi. Ma, in realtà, l'attività professionale è più il prete-

sto che la causa del vedersi. I medici, per fare un esempio, hanno fra i loro amici soprattutto medici. Alcuni di costoro diventano perciò i medici curanti tanto loro che della loro famiglia. Il risultato è che l'amicizia continua grazie alle malattie. Ogni volta che qualcuno sta male, allora l'amico telefona al medico, cioè all'amico. Gli scarica addosso le sue ansie, i suoi problemi e l'altro, pazientemente, li risolve. È abituato a risolverli da anni. Sa che vedrà l'amico soltanto quando ha un problema. Il problema è l'occasione dell'incontro.

Mentre le amicizie spirituali sono rigorosamente individuali, le amicizie di questo tipo possono essere condivise con gli altri membri della famiglia. Nelle amicizie spirituali i nostri familiari possono, naturalmente, avere rapporti con il nostro amico o con la nostra amica, ma non hanno lo specialissimo rapporto che abbiamo noi. Essi restano al di fuori della intima filigrana di incontri in cui ciascuno di noi è per l'altro una guida. Il secondo tipo di amicizia è, invece, caratterizzato dal fatto di poter essere condiviso con gli altri familiari. L'amico è, in sostanza, amico di tutti noi. Se poi si tratta di una coppia — ed eventualmente con figli — si può veramente parlare di una amicizia fra due famiglie.

L'amicizia di tipo familiare sembra totalmente agli antipodi di quella spirituale. Se la osserviamo in modo statico, come una fotografia, abbiamo addirittura l'impressione che abbia alla sua base soltanto l'abitudine. Una amicizia di questo genere non contraddice allora tutto ciò che abbiamo detto sull'essenza dell'amicizia e, in particolare, sul fatto che ogni amicizia vera è fondata sull'incontro? Che cosa dobbiamo concluderne, che l'amicizia di tipo familiare non è una vera amicizia? È assurdo. Una relazione che dura tutta una vita, in cui le persone sono sempre a disposizione per qualsiasi cosa l'altra abbia bisogno, è certamente amicizia. È la fotografia che ci induce in errore. Per comprendere questo tipo di amicizie dobbiamo studiarle storicamente, vedere come sono sorte, quali fasi hanno attraversato e come hanno finito, poi, per diventare amicizie familiari, consuetudinarie. Di regola, quando si esaminano le cose in modo storico, ci si accorge che l'amicizia familiare ha avuto una fase di grande intensità emotiva. In questo periodo i due amici si erano trovati a fianco a fianco nella lotta, avevano fatto un pezzo di strada insieme nella ricerca di loro stessi e del loro personale destino. Se erano di sesso diverso avevano avuto, ad un certo momento, una forte reciproca attrazione. Forse, per un istante, hanno pensato di potersi innamorare o di essere addirittura innamorati. L'incontro fra i due sessi ha, spesso, una tonalità erotica che lo rende simile all'innamoramento.

Non esiste alcuna amicizia duratura che nasca solo dall'abitudine e dalla convenienza. La stabilità, la serenità, la profonda fiducia reciproca, l'affidamento delle amicizie familiari hanno la loro base nel fatto che c'è stato un momento, nel passato, in cui ciascuno dei due amici si è installato nell'orbita vitale dell'altro. Anche dopo moltissimi anni questo legame profondo non scompare e può, di quando in quando, riapparire e rinnovarsi. Gli amici che si incontrano in modo abitudinario e per scopi pratici per anni ed anni sanno, nel profondo del loro animo, che possono ritrovarsi sull'altro piano, quello della intimità spirituale. Se ne accorgono, a volte, da uno sguardo, uno sguardo fugace che si scambiano mentre sono in mezzo agli altri o quando stanno per lasciarsi. In quel momento, per una infinitesima frazione di secondo, essi sono rimasti soli, si sono separati da tutti, ed hanno ripreso il dialogo interrotto.

Talvolta questa impressione di aver ripreso il dialogo è accompagnata da un moto di affetto. Una mano sulla spalla, un «come stai?, stai bene?» e nient'altro. Eppure significa il profondo interesse che l'amico ha per l'amico. L'amico, chiedendo «come stai?, stai bene?», si preoccupa di una cosa sola: che l'amico sia contento, che abbia potuto realizzare quanto vuole. «Come stai?» vuol dire: «La vita ti ha dato ciò che ti meritavi? È stata giusta con te?» È un istante, ma è ugualmente il ritrovarsi fianco a fianco nel mondo e contro il mondo.

C'è, poi, la volta in cui, terminato qualcuno dei doveri per cui si sono trovati, si fermano a parlare. Oppure escono, loro due soli, lasciando da parte tutte le altre cose, rimandando tutti gli altri doveri, per una passeggiata. Ciascuno racconta allora all'altro le cose veramente importanti, gli trasmette l'essenza della sua situazione spirituale del momento. L'amico, infatti, può capire e può vedere le cose dal punto di vista del suo interesse, del suo bisogno. Può perciò dare un giudizio, un consiglio. In genere si usano poche parole. Basta che l'amico ascolti attentamente, ponga certe domande che ci fanno riflettere. Ci chieda, con un po' di apprensione, come va una cosa. Noi comprendiamo dove vede il pericolo, di che cosa è preoccupato, e sappiamo di che cosa preoccuparci. A volte l'amico ci racconta una sua esperienza. L'unica esperienza che ci può essere utile — lo abbiamo già osservato — è la esperienza di un nostro amico. Più della nostra stessa esperienza, perché questa ci si presenta sempre in modo confuso e passionale. Nei riguardi dell'esperienza dell'amico abbiamo la prossimità sufficiente per sentirla nostra e la distanza sufficiente per valutarla obiettivamente. L'amicizia è sempre consapevole della estrema complessità delle situazioni umane, della incredibile delicatezza dei nostri equilibri interiori. Interviene perciò sempre con discrezione, offrendo la sua storia non a modello, ma come materiale che l'amico può, se vuole, utilizzare. Nell'incontro non impone mai nulla, cerca sempre assieme.

2 L'amicizia familiare sorge, perciò, anch'essa dall'incontro e può, in certi momenti, ritornarvi. Essa, però, non si stabilizza solo attraverso l'incontro. Non è solo il succedersi degli incontri che la fa diventare familiare. Non è, però, nemmeno la semplice abitudine. Abbiamo detto che

questo tipo di amici fanno, psicologicamente, quasi parte della famiglia. Non basta certo l'abitudine a creare questo senso di appartenenza, questa intimità quotidiana. L'esperienza su cui si appoggia l'amicizia familiare va cercata in ciò che fa esistere ciò che è, che lo mantiene in esistenza. La situazione tipica, paradigmatica, in cui noi lottiamo per far esistere le cose che sono, è quella *della perdita*, del pericolo di perdere ciò che amiamo.

Buona parte della nostra vita si svolge come se fosse poco reale, un quasi-sogno o una quasi-verità. Noi viviamo di abitudini e di convenzioni, di credenze che ci sono state raccontate da altri, di opinioni, di buone maniere, di piccole e grandi menzogne. Non sappiamo neppure se il lavoro che facciamo ci piace veramente, se siamo sinceramente affezionati a qualcuno. Ci rendiamo conto dell'esistenza di una realtà oggettiva soltanto in certi momenti, quando vi sbattiamo contro o quando, miracolosamente, ci si rivela. Il mondo esiste soltanto perché vi sono questi momenti forti. Se non ci fossero mai, se la vita quotidiana fosse sempre identica a se stessa, monotona, banale, senza rischio, senza pericolo, senza rivelazione, allora sarebbe tutto come un sonno. E non ci sarebbe più il tempo, né la differenza fra verità ed errore, fra autentico ed inautentico. Forse la vita dell'animale è così, perché lui segue la sua natura e non ha bisogno di cercarla o di incontrarla.

Noi no. Noi, specie umana, abbiamo perso la nostra natura. Forse questo è il peccato originale. La perdita è avvenuta quando, sopra gli altri cervelli arcaici, è apparsa, per mutazione, la neocorteccia. E poiché abbiamo perso la nostra natura, ce ne costruiamo una sociale e culturale, che diventa poi sempre, in qualche modo, arbitraria e artificiale. Ecco allora quell'impressione di irrealtà, di quasi-sogno o di quasi-verità.

Però non avremmo questa impressione di illusione e di falso se, in qualche modo, la realtà non ci apparisse e la nostra natura non ci si rivelasse. In genere la realtà ci appare *nella perdita*, sotto forma di catastrofe. Facciamo un esempio: ad un certo punto ci accorgiamo che abbiamo perso il bambino. Dove è andato? Cosa gli è successo? Improvvisamente il pericolo è «reale», il mondo non è una convenzione, una opinione. È là, terribile e ineluttabile. La nostra ricerca ha un carattere disperato, proprio perché deve strappare noi stessi ed il bambino alla regione terrificante del reale, che è totalmente sottratto alla nostra azione. Nella vita moderna, piena di chiacchiere, di spese inutili, di televisione, le cose che contano ci appaiono in genere così, come disperazione.

Anche il valore del nostro corpo, la salute. Un giorno, improvvisamente, siamo ammalati. Potrebbe essere un male incurabile. Facciamo degli esami clinici. Cerchiamo di continuare ad essere normali, amabilmente, convenzionalmente. In realtà è come se fossimo stati trascinati davanti ad un tribunale che ci condanna a morte, legati alla sedia elettrica in attesa dell'esecuzione o della grazia. Se non c'è nulla è la grazia. Allora noi diciamo che l'incubo è finito, come se quell'esperienza fosse stata un sogno. Non è vero, quella era la realtà. Solo in quel «sogno» abbiamo capito la nostra fragilità e il valore del tempo. Solo in quel momento abbiamo scelto di stare totalmente, incondizionatamente dalla parte della vita, della medicina, contro la malattia e la morte. Solo in quel periodo abbiamo capito la dignità di tutti gli esseri umani che affrontano l'ineluttabile. Ineluttabile significa ciò che è comune a tutti, ciò che fa parte dell'essenza e che è costitutivo della nostra verità.

Ma non è solo nella perdita che si rivela la nostra natura. Vi sono anche situazioni in cui essa ci si svela sotto forma di intuizione, di sentimento, di felicità. Sono, probabilmente, i momenti in cui noi ci comportiamo secondo i codici genetici profondi, al di là dei condizionamenti culturali. Per esempio quando una madre o un padre abbracciano il loro bambino che piange perché ha paura della notte. È un gesto primordiale quello di proteggere e di consolare il piccolo. Ma in noi c'è anche la coscienza della sua e della nostra fragilità. Padre e bambino, entrambi poveri esseri effimeri, perduti nel mondo, ma lui così piccino e che piange. Allora il padre si fa forte, adulto e lo consola.

È nell'esperienza della perdita che noi riconosciamo e stabilizziamo i nostri oggetti d'amore. È in quel momento che comprendiamo che ci sono essenziali, che non possiamo farne a meno. È in quel momento che noi li percepiamo come dei fini ultimi, rispetto a cui tutte le altre cose sono dei mezzi. Conoscere la nostra essenza vuol dire sapere quali sono i nostri fini ultimi, i nostri veri oggetti d'amore.

Torniamo all'esempio del bambino che si è perso. Noi ci gettiamo senza riserve alla sua ricerca. Chiediamo aiuto e non abbiamo vergogna di chiederlo. Il mondo si divide nettamente in due parti: da un lato il nostro bambino perso e tutto ciò che può servire a ritrovarlo; dall'altro l'immenso mondo indifferente e alieno. È in questo momento che ci troviamo a fianco gli amici. Amici sono coloro che ci aiutano nella nostra ricerca, che condividono la nostra angoscia, che si battono con noi, che stanno dalla nostra parte, che hanno i nostri stessi oggetti d'amore. Il vero amico è colui che ti resta a fianco e ti aiuta quando tutti gli altri scompaiono. È vero l'amico che regge alla prova della lotta, perché la lotta implica di scegliere. Lui sceglie te al posto di un altro. Non c'è amicizia senza scelta. La perdita drammatizza la scelta, la rende irreversibile. Non sono io che scelgo, vengo scelto. L'amico è colui che mi sceglie, sceglie la mia causa. Sono io però che vado alla ricerca degli amici. Mi rivolgo prima di tutto agli amici, mi aspetto il loro aiuto. Alcuni scelgono di venire con me, altri no. Ogni perdita opera come la selezione naturale: fissa ciò che è destinato a sopravvivere e a durare.

Nella vita quotidiana le situazioni di perdita sono numerose. Sempre imprevedibili, sempre drammatiche. La nostra vita e quella dei nostri cari è costantemente sospesa sull'abisso del nulla. La catastrofe può giungere sempre inattesa. La sua angoscia ci può afferrare in ogni istante. In queste situazioni noi abbiamo costantemente accanto i nostri familiari. Essi vivono con noi, sono l'oggetto del nostro amore. È per loro che ci preoccupiamo. È loro che temiamo di perdere. Nello stesso tempo però sono loro le persone che condividono le nostre angosce ogni volta che qualcuno è in pericolo. Ma, nella stessa situazione, vengono a trovarsi gli amici che frequentiamo abitualmente. È attraverso la perdita che l'amicizia spirituale si trasforma in amicizia familiare. Nel momento del pericolo l'amico viene al nostro fianco, ci aiuta, si prodiga con noi. È una esperienza che incide profondamente sui nostri rapporti. Si è identificato con noi, con la nostra angoscia, ha preso come suoi i nostri fini ultimi, *ha preso come suoi i nostri oggetti d'amore*. L'amicizia resta personale, ma si è allargata anche ad altre persone. Il bambino ritrovato è diventato un po' suo figlio. Una seconda volta le parti saranno invertite. Sarà lui l'oggetto della perdita per cui ci mobilitiamo tutti noi. Vivere insieme, condividere le stesse esperienze significa affrontare dalla stessa parte la perdita, lottare dalla stessa parte contro la potenza del negativo. Significa perciò, a poco a poco, condividere anche gli oggetti d'amore. I nostri, i suoi, lui come nostro oggetto d'amore, noi come suo. È in questo modo che si stabilisce e si consolida l'amicizia familiare.

CAPITOLO DICIOTTESIMO

1 Per concludere prendiamo in esame questo problema: il padre può essere amico del figlio e il figlio del padre? Possono essere amici due fratelli? E due coniugi? Su questo punto i sociologi sono divisi. Alcuni sostengono che i rapporti fra consanguinei sono molto diversi da quelli fra amici. Vi sono invece altri che ritengono che l'amicizia possa esistere in tutte le relazioni. G. Allan, per esempio, sostiene che l'amicizia è una qualità della relazione, non una relazione oggettiva.[1] Quando due persone, indipendentemente dai loro rapporti sociali, si stimano, stanno bene insieme, si trattano su un piede di uguaglianza, allora sono amiche. Anche due amanti possono esserlo. Lo sono quando, dimenticata la passione erotica, ciascuno vuole il bene dell'altro disinteressatamente, senza sospetti, con serenità. In base a questa concezione, per esempio, i «fratelli» Grimm erano, in realtà, amici. Jacob e Wilhelm avevano caratteri diversi. Il primo più sistematico, il secondo più fantasioso, artista. Hanno però sempre lavorato insieme, senza screzi, per tutta la vita. Erano tanto uniti che l'Università di Gottinga ha concesso loro lo stesso insegnamento. I loro nomi propri, oggi sono addirittura stati dimenticati. Il mondo ricorda soltanto le favole dei fratelli Grimm. Ma era veramente amicizia quella che univa Jacob e Wilhelm Grimm? Non era, invece, proprio il sentimento fraterno portato al suo massimo grado? Essere fratelli non è più che essere

1 G.A. Allan, *A Sociology of Friendship and Kinship*, cit., pag. 81.

amici? Di due amici che dividono tutte le cose della vita, nel bene come nel male, noi diciamo che sono amici fraterni.

Per chiarire questa controversia dobbiamo tener presente che tutte le relazioni, quelle fra genitori e figli, fra fratelli, fra coniugi, o fra amici, hanno un modello ideale a cui adeguarsi. Questi modelli ideali sono in parte simili, ma in parte diversi. Poiché tutti richiedono amore, affetto, avranno in comune ciò che è proprio dell'amore, come il desiderio che l'altro sia felice. Ma vi sono anche delle differenze che non dobbiamo trascurare. Il modello ideale del rapporto fra genitori e figli è diverso da quello fra fratelli. Il padre ha, nei riguardi del figlio, dei doveri di guida e di autorità che i fratelli, in genere, non si riconoscono reciprocamente. Ancora più grande è la differenza con il modello ideale dell'amico. L'amicizia richiede uguaglianza. Il rapporto padre-figli implica una disuguaglianza, sia pure potenziale. In certi momenti il padre si sente amico del figlio, mette la sua autorità fra parentesi, dimentica certe sue ansie. Ma se il figlio si comporta male e finisce in una situazione pericolosa, allora deve ricordare il suo dovere specificamente paterno. Anche la relazione fra fratelli può essere di tipo amichevole. Essi possono lavorare insieme, divertirsi insieme, essere fianco a fianco nella vita. Come due amici. Però i fratelli hanno dei doveri reciproci che due amici non hanno.[2] Se un fratello compie un delitto, l'altro deve aiutarlo in ogni modo, anche a costo di testimoniare il falso per lui. La legge lo prevede e, infatti, non dà valore alla testimonianza di due consanguinei. La relazione ideale tra fratelli non ha alcuna precondizione morale. È morale in sé. Non la può incrinare nessun comportamento scorretto. Se mio fratello mi deruba, mi inganna, il modello ideale mi dice di perdo-

2 Sul caso di culture non europee vedi Alfred Adler, *L'amitié contre la fraternité; Reflexion sur le lien social en Afrique Noire*, in Atti del Congresso «L'amicizia e le amicizie», Palermo 1983.

narlo, di essere lo stesso al suo fianco. Ma, si dirà, i fratelli non si comportano sempre così. No di certo. Vi sono fratelli che si odiano, che non si rivolgono la parola. Però questo non intacca minimamente il modello ideale. Di conseguenza ciò che essi fanno concretamente non compromette mai irreparabilmente il loro rapporto. Sono perciò possibili conflitti, rappacificazioni, nuovi conflitti, nuove rappacificazioni. Anche quando due fratelli hanno buone relazioni, non mancano mai le burrasche. Prendiamo l'esempio dei due celebri fratelli Heinrich e Thomas Mann.[3] Amicissimi durante l'adolescenza, si allontanano dopo che Thomas ha scritto *I Buddenbrook* e, Heinrich, *L'angelo azzurro*. È un momento di successo e le loro vite si dividono. Tornano ad unirsi verso il 1912-13 e così restano fino al momento dello scoppio della prima guerra mondiale. Allora si separono di nuovo. La loro divergenza, questa volta, è ideologica. Thomas è nazionalista, accetta la guerra. Heinrich, invece, è pacifista ed europeista. Si riavvicinano ancora nel 1923, quando la Germania è stremata, ma tornano a dividersi con l'avvento del nazismo. Anche in questo caso Thomas Mann accetta quello che accade. È più prudente, più conformista. Heinrich, invece, si ribella e deve emigrare a Parigi. L'ultimo riavvicinamento avverrà nel 1939, quando anche Thomas dovrà emigrare. Lui, però, andrà negli Stati Uniti dove, grazie al premio Nobel, era molto noto e dove lo raggiunge Heinrich. Anche allora il loro rapporto è più fraterno che amicale. Giunto in America, Thomas si presenta come progressista ed antifascista. Il povero Heinrich, che era sempre stato pacifista, che aveva sempre combattuto contro il nazismo fin dal primo momento, muore ignorato da tutti. È Thomas Mann che riceve tutti gli onori.

L'amicizia non sopporta queste vicissitudini, questo alternarsi di avvicinamenti e di separazioni. Non sopporta neppure questo grado di ingiustizia. Nell'amicizia il com-

3 Nigel Hamilton, *I fratelli Mann*, Garzanti, Milano 1983.

portamento reale non può mai allontanarsi molto dal modello ideale. Vi sono dei limiti, delle soglie che nessuno deve superare. Noi non possiamo chiedere ad un nostro amico di fare delle cose scorrette, per esempio di testimoniare il falso per noi in tribunale. Se lo facciamo, veniamo meno ad una regola fondamentale dell'amicizia, non ci comportiamo da amici nei suoi riguardi. D'altra parte, se un amico ci danneggia, ci mente o, anche semplicemente, ci irrita, presto o tardi la nostra amicizia finisce. Abbiamo visto l'esempio dei fratelli Mann, tipico delle relazioni consanguinee. Vediamo ora quello di Zola e Cézanne, che è invece caratteristico dell'amicizia. Emile Zola e Paul Cézanne erano amici dai banchi del liceo di Aix-en-Provence, e questa amicizia è continuata negli anni quando, lasciato il sud della Francia, Zola si è recato a Parigi, dove è diventato famoso. Il tentativo di avere successo a Parigi, invece, non riesce a Cézanne, che finisce per ritirarsi nuovamente nel sud. Zola però ha stima dell'amico e lo difende. Ma nel 1886, quando entrambi hanno più di quarant'anni, Zola pubblica l'*Oeuvre*, un romanzo sull'ambiente dei pittori, in cui si può riconoscere Cézanne, che vi appare come un fallito. Per Cézanne è un insulto mortale. Non vorrà mai più perdonare a Zola. Non si riconcilierà più con lui. Cézanne morì senza che il suo genio venisse compreso. La sua fama esplose solo dopo la sua morte. Lui, però, si aspettava che l'amico lo capisse, lo apprezzasse per quanto valeva. Perché dall'amico ci si aspetta la giustizia che gli altri non vogliono o non possono dare. Quando Zola lo offese, non poté perdonare. Un fratello avrebbe potuto farlo. Perché da un fratello ci si aspetta l'aiuto indipendentemente dalla giustizia, e si è tenuti a voler bene indipendentemente dalla giustizia. Ma l'amicizia, invece, è tutta fondata sul valore e sulla giustizia. Persi questi, non resta più nulla.

Alcuni, a questo punto, giungono alla conclusione che l'amore fraterno o dei genitori è più elevato e più puro di quello di un amico. L'amore, essi dicono, deve essere incondizionato. L'amore vero ci impone di amare l'altro qualunque cosa l'altro faccia, anche se è diventato un miserabile, un assassino. Che amore è un amore che si ritira se l'amato non si comporta come noi vorremmo? Il vero amico, perciò, si deve comportare con noi come il fratello, come il padre, come la madre, come l'amante. Egli deve amare, amare, amare e non chiedere mai nulla. È questo l'ideale a cui si è ispirato il cristianesimo. La carità cristiana è questo amore totale, eroico, che si rivolge al lebbroso, ne bacia le piaghe. L'imperativo della carità universalizza l'amore dei genitori e dei fratelli: amate i vostri nemici — dice — non giudicate. Di fronte a sentimenti tanto sfolgoranti, l'amicizia sembra una cosa da poco, meschina. E, infatti, tutti i grandi santi, i fondatori di religioni, i capi carismatici che hanno fatto leva sull'entusiasmo e sull'eroismo, ne hanno sempre diffidato. Perché l'amicizia non ha gli occhi bendati, chiede conto, è esigente, è pignola.

Ma, possiamo domandarci, questi ideali così elevati, quest'etica della carità eroica, dà veramente i frutti che si ripromette? Torniamo, per un momento, al rapporto fra fratelli. Il modello ideale è elevatissimo. I fratelli devono amarsi sempre, perdonarsi sempre, aiutarsi sempre. Nella realtà concreta i fratelli applicano ben poco questo ideale. Litigano, si tengono il muso, si sbranano per dividere una eredità. Non voglio affatto dire che i rapporti fra fratelli, nella nostra società, non siano buoni. Sono anzi convinto che in genere i fratelli si vogliono molto bene e si aiutano vicendevolmente. Ma l'ideale è molto più alto della realtà. Se ora passiamo all'ideale eroico della carità, duemila anni di storia del cristianesimo ci mostrano che la realtà è stata, spesso, l'opposto dei valori proclamati. Anche alcuni grandi santi come S. Domenico, o S. Ignazio da Loyola, parlavano molto di carità ma, nei loro rapporti con gli uomini, erano duri e spietati. Se Dio è tutto, gli uomini non sono nulla, se Dio pretende tutto, gli uomini non hanno diritto a nulla.

Un'etica dell'eroismo oscilla sempre fra il fanatismo e il

compromesso. Se io pongo come ideale la carità totale, poi dovrò trovare mille scappatoie nella vita quotidiana. Il cattolicesimo è caratterizzato proprio da questo divario fra ideale e realtà, fra modello astratto e praticaccia di ogni giorno. Per questo capisce poco l'amicizia che vuole meno, ma non accetta compromessi. L'ideale di amore fraterno, l'ideale eroico della carità, si ritengono superiori perché perdonano sempre. Ma proprio perché perdonano sempre pretendono poi anche di essere sempre perdonati. Quando la morale della carità eroica scende nel mondo, diventa indulgenza, connivenza, complicità, ipocrisia. La gente resta sempre insieme, affettuosamente, si abbraccia, continua a perdonarsi i torti, perciò continua a farsene dei nuovi. Degradandosi, l'amore purissimo della carità diventa confuso, vischioso, finché non è più possibile nessuna chiarezza. L'amicizia non ha ideali così sublimi, ma è un soffio di aria fresca in queste relazioni soffocanti.

Il mondo antico, in particolare quello greco-romano, non credeva negli ideali astratti, lontani ed irrealizzabili. Sospettava dei fanatismi. Diffidava degli eccessi sentimentali. Per questo dava tanta importanza all'amicizia. Perché, nell'amicizia, la distanza fra ideale e reale deve essere breve. Nell'amicizia noi non possiamo proclamare una cosa e farne un'altra. Nell'amicizia i patti vanno rispettati, la fiducia meritata. L'amicizia deve essere leale, sincera, limpida. L'amico deve volere il bene dell'amico non a parole, ma concretamente. Deve essere presente nel momento del bisogno. Chi è beneficiato non deve né approfittarsene, né annoiare con i ringraziamenti. Nell'amicizia non si può ingannare, non si può fare del male. Mai, neppure una volta. Nell'amicizia bisogna saper vedere la virtù dell'altro e valorizzarla. L'amico deve essere aperto, pieno di vita, divertente. Non deve annoiare, non deve seccare. Un amico non deve nemmeno essere troppo generoso, riempire di regali perché, se fa così, suscita il bisogno di ricambiare, crea dei doveri di riconoscenza che sono troppo pesanti. L'amicizia deve sempre essere fresca, leggera, anche quando è eroica. L'amicizia dice sempre, anche di fronte alla morte: «Non c'è di che.» Questi sono gli ideali dell'amicizia. Non chiede di dare tutto, di baciare i lebbrosi, di mentire in tribunale. Non chiede nemmeno di vivere sotto lo stesso tetto. Però quello che chiede lo esige. E, se non le viene dato, giudica e condanna. Una volta condannato, ben difficilmente perdona. Non punisce, non minaccia, non esercita rappresaglie, non fa ricatti. Semplicemente svanisce. Se l'ideale non viene realizzato, l'amicizia scompare. Probabilmente non c'è nessuna relazione umana in cui il reale deve essere sempre così vicino all'ideale. È la relazione che sopporta meno l'esagerazione e la chiacchiera. Comprendiamo, allora, perché l'amicizia sembri così fragile, e perché ci sia tanta gente che si dice delusa dall'amicizia. Costoro l'hanno confusa con qualcosa d'altro, non hanno voluto stare alle regole del gioco. Anche coloro che dicono che l'amicizia c'era nell'antichità ed è scomparsa nel mondo moderno sbagliano. L'amicizia esisteva all'epoca di Confucio ed esiste oggi. Non c'è alcun motivo di pensare che debba scomparire nel futuro. L'amicizia è soltanto un modello ideale che chiede di essere rispettato. Per quel tanto che noi lo seguiamo, il mondo si riempie di amici e questi, vedendoci, ci sorridono.

INDICE

Finito di stampare nel mese di ottobre 2006
dalla S.A.T.E. s.r.l. di Zingonia (BG)